Cómo soportar lo que no se puede arreglar

Cómo soportar lo que no se puede arreglar

UN DIARIO PARA EL DUELO

MEGAN DEVINE

EDICIONES OBELISCO

Si este libro le ha interesado y desea que le mantengamos informado de nuestras publicaciones, escríbanos indicándonos qué temas son de su interés (Astrología, Autoayuda, Psicología, Artes Marciales, Naturismo, Espiritualidad, Tradición…) y gustosamente le complaceremos.

Puede consultar nuestro catálogo en www.edicionesobelisco.com

Los editores no han comprobado la eficacia ni el resultado de las recetas, productos, fórmulas técnicas, ejercicios o similares contenidos en este libro. Instan a los lectores a consultar al médico o especialista de la salud ante cualquier duda que surja. No asumen, por lo tanto, responsabilidad alguna en cuanto a su utilización ni realizan asesoramiento al respecto.

Colección Psicología
CÓMO SOPORTAR LO QUE NO SE PUEDE ARREGLAR
Megan Devine

Título original: *How to Carry What Can't Be Fixed*

1.ª edición: noviembre de 2024

Traducción: *David George*
Maquetación: *Juan Bejarano*
Corrección: *Sara Moreno*

Edita: Ediciones Obelisco, S. L.
Collita, 23-25. Pol. Ind. Molí de la Bastida
08191 Rubí - Barcelona - España
Tel. 93 309 85 25
E-mail: info@edicionesobelisco.com

ISBN: 978-84-1172-198-1
DL B 11644-2024

Impreso en SAGRAFIC
Passatge Carsí, 6 - 08025 Barcelona

Printed in Spain

«Hacia la oscuridad se dirigen,
los sabios y los encantadores».

Edna St. Vincent Millay

CONTENIDOS

INTRODUCCIÓN

Encontrar tu camino con este libro (y en tu dolor)

Tenemos la idea de que sólo hay dos opciones en el duelo: puedes abrirte camino hacia el otro lado, de modo que el duelo pase y vuelvas a ser «feliz» o puedes quedarte «atascado» en el duelo, encerrado en una habitación oscura, solo, vistiendo con tela de arpillera y meciéndote en una esquina.

Es como un examen de apto/no apto para el corazón humano.

Con toda la información que hay ahí fuera sobre sanar tu dolor, dejar el pasado atrás y aprovechar el poder del pensamiento positivo, puede parecer como si todos pensaran que tu duelo es un problema que debe solucionarse. Lo cierto es que tratar el duelo como si fuera una enfermedad no va a hacer que mejore.

El duelo no es un problema que resolver, sino que es una experiencia que soportar.

Si quieres sobrevivir a tu duelo, deberás dar con formas de habitar en el duelo: vivir entre los dos extremos de «estar completamente recuperado» e «irremediablemente condenado». Necesitas herramientas para desarrollar una vida junto con tu pérdida, y no hacer que esa pérdida desaparezca.

Por imposible que pueda parecer, *puedes* sobrevivir a tu duelo. No será todo de color de rosa, y no va a ser fácil. Todo lo que ofrezco en este libro de ejercicios está destinado a ayudarte a entrar en una relación con el dolor, a ayudarte a soportarlo y, por encima de todo, a ayudarte a volver a ser tú mismo con amabilidad por todo lo que has tenido que vivir.

CÓMO FUNCIONA

Este diario es un lugar para decir la verdad sobre tu duelo: toda la verdad. Es un lugar para dejar que el dolor se expanda, tome forma y sea tan ruidoso, largo, malo, doloroso, melancólico, triste y dulce como quiera ser, sin que nadie intente embellecerlo ni meterte prisa por el camino. Es un lugar para anotar incluso las partes bonitas y para explorar las cosas que hacen que tu dolor sea incluso mínimamente más fácil para ti. Todo lo que escribas en las páginas será bienvenido.

Te encontrarás escribiendo y dibujando ideas que irán más allá del «háblanos del funeral», y mensajes de ánimo de otros dolientes que, ciertamente, no son animadores. Incluye listas de comprobación e historietas interactivas que completar, notas de amor secretas que escribir y secciones prácticas que personalizar y arrancar para ayudarte a educar a tus amigos y familiares bienintencionados (muchas de ellas también están disponibles como archivos que puedes descargar. Examina la sección «Recursos» al final del libro). Incluso hay una sección con guiones que puedes copiar para que te ayuden a superar conversaciones incómodas.

Este diario también actúa a modo de pilar cotidiano. Regresar a los apuntes, las citas y los ejercicios te proporciona algo que hacer, cada día, en el interior de tu duelo. Cuando la vida parece completamente agobiante, estas piedras angulares son importantes.

NOTAS SOBRE LA RESISTENCIA

En mis propios primeros meses de duelo, sentí resistencia frente a cualquier cosa que prometiera que mi pena desaparecería. Quizás tú también te sientas así. Nada va a hacer desaparecer tu dolor: ni este libro ni ningún recurso. La eliminación del dolor no es lo que buscamos. En lugar de ello estamos buscando compañerismo, agradecimiento y las herramientas para hacer que todo esto sea simplemente un poco más amable con tu corazón y tu mente. Quiero ayudarte a basarte en lo que ya sabes de ti mismo, a encontrar el amor que queda y a hacer que eso siga adelante durante toda la vida que está por venir.

Si te encuentras resistiéndote a cualquiera de las prácticas o ejercicios que aparecen en este libro, siempre podrás es escribir o dibujar tu resistencia. Examínala. A veces tiene cosas interesantes que decir.

Mi trabajo relacionado con el duelo está, en gran medida, relacionado con la muerte, pero también puedes usar este libro para otras pérdidas. Como no menciono cada tipo de pérdida en este libro, habrá lugares en los que deberás actuar a modo de intérprete, captando la forma en la que las palabras se relacionan con tu vida. También es importante señalar que quizás no te guste todo en este libro. Los diferentes ejercicios funcionan para distintas personas. Toma lo que necesites y descarta el resto. Tengo la esperanza de que encuentres lo suficiente para que te haga compañía.

Empecemos.

Este diario está pensado para que escribas y dibujes en él, para que lo lleves contigo para que te sirva de pilar en una tormenta, e incluso para que lo arrojes en tu habitación cuando esto parezca lo correcto.

Al empezar, puede que algunas instrucciones básicas sean de utilidad. Úsalas o ignóralas según desees.

Las gráficas, las listas y los mapas que aparecen en este libro están pensados para ayudarte a comprender tu dolor, y para ayudarte a aprender cómo soportarlo estando en él. Independientemente de las pérdidas que hayas sufrido en tu vida, ésta es la primera vez para *esta* pérdida. Sé curioso con respecto a tu experiencia.

Recuerda que puedes regresar a estos ejercicios en cualquier momento. Al igual que con cualquier proceso natural, el dolor variará y cambiará con el tiempo, al igual que lo harán tus respuestas frente a las ideas de este libro. Lo que necesitaste la primera vez que completaste un ejercicio, puede que sea diferente hoy, o mañana, o la semana que viene. Todo es siempre un trabajo en curso.

Si no estás familiarizado con el uso de escribir apuntes o ideas, aquí tenemos algunas notas sobre la escritura:

- Utiliza un temporizador o cronómetro. En serio. Te sorprenderás de cuánto ayuda eso. Diez minutos es un buen punto de partida.

- ¡Mantén tu mano en movimiento! Sigue escribiendo hasta que el temporizador suene.

- Si te atascas, escribe el propio apunte o idea. Repetir el apunte o idea es como poner en marcha una maquinaria que ha estado parada: puede que lleve algo de tiempo que las palabras empiecen a fluir, pero ciertamente fluirán.

- Los apuntes o ideas no son tanto temas de debate o asuntos sobre los que discutir. Son más bien como lugares de los que partir para tu propia mente asociativa y creativa: permite que te lleven a algún lugar.

- Cuando te abras a escribir, las palabras surgirán. Siempre lo hacen. No son siempre las mejores palabras ni las más fáciles, pero las palabras aparecen. Lo mismo se aplica al dibujar o a cualquier otra práctica creativa. Cuanto más te asomes a las páginas y más te muestres a ti mismo en las páginas, más fáciles se volverán estas cosas. Algunos días las palabras surgirán en forma de un torrente. Algunos días parecerán lentas y malhumoradas. Lo que es importante es que te des a ti mismo espacio para hablar.

Notas sobre la creación de imágenes:

- Independientemente de cuál sea tu medio favorito en ese momento, ése es el que debes usar. Lápices, rotuladores, ceras: no importa. Si la idea de dibujar te espanta (e incluso aunque no lo haga), siempre puedes usar la técnica del *collage* para crear imágenes. Recuerda que son tus imágenes: no hay una forma concreta correcta de crearlas.

- Para empezar con los *collages,* reúne una pila de revistas, unas tijeras decentes y algún tipo de adhesivo (pegamento, cinta adhesiva, cola, etc.). Ten el apunte, idea o ejercicio en tu mente mientras hojeas las revistas, recortando cualquier imagen que te llame la atención. Permite que tu mente divague por las páginas. Ni siquiera es necesario que las imágenes que escojas te gusten. A veces, las imágenes que te repelen también tienen una historia que contar. Ninguna de ellas tiene por qué tener sentido y ninguna de ellas tiene por qué ser «arte». Puedes buscar imágenes de mayor tamaño que puedan servir a modo de fondo y varias imágenes de menor tamaño que creen el primer plano o la imagen principal. Disponlas y ordénalas en la página hasta que te sientas preparado y entonces empieza a pegarlas.

Traducir tu experiencia emocional interior en forma de palabras e imágenes es una práctica liosa. Es difícil decir la verdad si tienes que hacer que sea perfecta. Este libro es un lugar para palabras e imágenes sin procesar: esbozos, primeros borradores, impulsividad y un flujo de consciencia. Es un lugar para probar cosas. Puede que lo que crees no sea bonito. Realmente no será perfecto. Si te encuentras con que tu crítico interior se interpone, dale su propio cuaderno de notas para que dibuje en él. Un poco de tiempo compartido en la psique es algo maravilloso. La crítica puede esperar su turno.

Este libro no es un sustitutivo de la terapia ni de otras orientaciones médicas o atención a la salud mental. Te animo a que compartas los ejercicios y las exploraciones de este diario con tu terapeuta u otras personas que te proporcionen apoyo.

PARTE 1

LA PARTIDA

CAPÍTULO 1

La historia empieza

¿Qué tiene que ver el relato de historias con tu dolor? Quiero decir que no se trata de, simplemente, una historia sin más que estés viviendo. Estás aquí porque has perdido a alguien sin el que no puedes vivir, sin el que no quieres vivir. Empaquetar todo eso en una historia con un desarrollo, un nudo y un desenlace (completa, con la transformación del personaje principal en alguien incluso mejor de lo que era antes) simplemente no va a funcionar.

En la realidad de la muerte y la pérdida, las historias pueden parecer, en gran medida, carentes de sentido.

Pero hay verdad y utilidad dentro de la estructura clásica de un relato, especialmente en el viaje del héroe o la heroína. Aporta estructura y orden a lo que, de otro modo, podría parecer informe y abrumador. El viaje del héroe empieza con éste viviendo su vida, feliz o infeliz, típicamente más satisfecho que inquieto, y entonces sucede algo.

Llega un desconocido, o un ejército perpetra una invasión, y él o ella pierde algo precioso, o la muerte destruye algo que él o ella ama. Hay un viaje en el que debe embarcarse, y no quiere ir.

Te apuesto a que tú tampoco quieres estar ahí. El duelo no es un camino fácil y, pese a ello, ahí estamos, juntos de todas formas, a punto de embarcarnos. Incluso esa reticencia forma parte del camino en su conjunto:

> **FRODO** No puedo hacerlo, Sam.
>
> **SAM** Lo sé. Todo está mal. Para empezar, ni siquiera deberíamos estar aquí, pero estamos. Es como en las grandes historias, señor Frodo: las que realmente importan. Estaban llenas de oscuridad y peligro, y a veces no querías saber el final, porque, ¿cómo podían tener un final feliz? ¿Cómo podía el mundo volver a ser lo que era cuando han pasado tantas cosas malas? Pero, al final, esta sombra es sólo pasajera. Incluso la oscuridad se acaba. Un nuevo día vendrá. Y cuando

> el sol brille, brillará con toda su intensidad. Ésas son las historias que se quedan contigo, que significan algo, incluso aunque fueras demasiado pequeño para entender por qué; pero pienso, señor Frodo, que ahora lo comprendo, que ahora lo sé. Los personajes de esas historias tuvieron muchas oportunidades de volverse atrás, sólo que no lo hicieron. Ellos continuaron. Porque se estaban aferrando a algo.
>
> Extracto de ***El señor de los anillos: Las dos torres***, de Peter Jackson

Estás llevando a cabo este trabajo porque quieres algo para ti mismo. Tanto si tu duelo es un viaje o una aventura o simplemente alguna cosa horrenda con la que tienes que vivir y odias todas las metáforas relacionadas con los viajes, seguirás necesitando un lugar por el que empezar. Iniciar tu diario con algo creativo puede ayudarte a salir de tu mente pensante y dirigirte hacia la verdad más profunda de tu corazón.

Si eres el héroe en esta historia que es más que una historia, que sobrepasa todas las historias, ¿cuál es tu punto de partida? Toma nota de tu entorno. ¿Estás ya en el oscuro bosque, con la luz de tu vida perdida ya muy atrás, o sigue arrojando un brillo a tus pies? ¿Por dónde empiezas?

Dibuja, haz *collages* o escribe tu respuesta. Si estás realmente atascado, empieza con «Necesito explicarte lo que sucedió...».

Vivir lo que estás viviendo no es fácil. Explicar la historia es importante. Ahora que te has ubicado un poco, hablemos de las realidades del duelo.

¿QUÉ ES «NORMAL»?

Como generalmente no hablamos de las realidades del duelo, la mayoría de la gente no es consciente de las muchas formas que adopta el duelo. Aunque puede que tus «síntomas» parezcan raros, probablemente no estés solo en cuanto a su experimentación. El duelo normal abarca mucho territorio.

Incluso aunque hayas vivido el duelo en otros momentos de tu vida, nunca has tenido que vivir esta historia concreta antes. Puede que tu dolor se muestre de formas interesantes o confusas.

En la lista que aparece a continuación, rodea con un círculo o subraya cualquier síntoma que hayas experimentado. ¿Qué más añadirías a la lista?

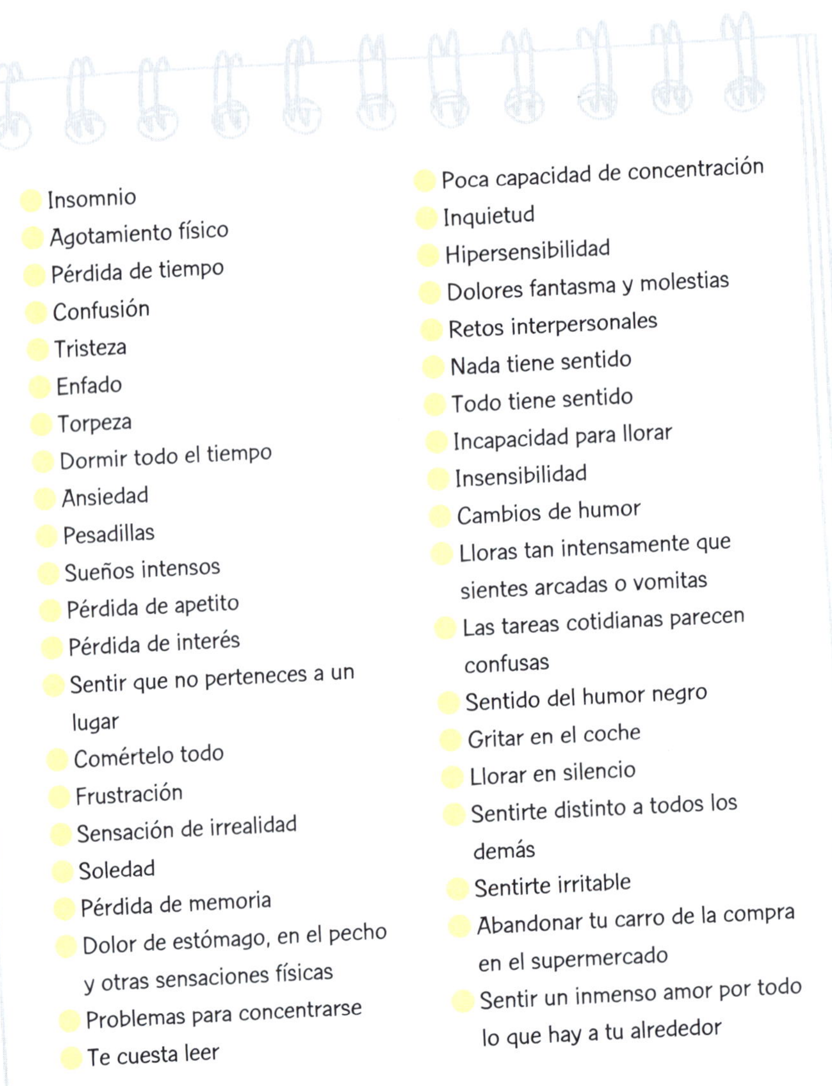

EL CUERPO Y LA MENTE

El duelo es una experiencia de todo el cuerpo. Hay una razón por la cual estás tan cansado. Hay una razón por la cual puede que tu resistencia no sea la que solía ser. Hay una razón para tu falta de concentración y para que encuentres confusas incluso las cosas sencillas. Tu mente está intentando encontrarle sentido a algo que no tiene sentido. Tu cuerpo está intentando sostener una imposibilidad en su interior. Todo tu organismo está trabajando realmente duro para que puedas sobrevivir cada día.

Usa el espacio que hay a continuación para escribir sobre las formas en las que el duelo te ha afectado física y mentalmente. Podrías empezar con la frase «El duelo vive en mi cuerpo...».

O podrías trazar el contorno de tu cuerpo en el espacio que hay más abajo. Usando palabras, dibujos o *collages,* esboza los efectos del dolor, ubicándolos en tu cuerpo. Emplea palabras o colores para nombrar los distintos síntomas, junto con flechas para señalar dónde viven en tu cuerpo o tu mente.

Regresa a la lista de los síntomas si necesitas ideas para empezar.

¿POR QUÉ ESTÁ MI CEREBRO TAN DISPERSO?

Los cambios cognitivos son comunes en el duelo. Memoria, comprensión y atención: todos ellos requieren de mucha fuerza y tú, simplemente, no dispones de energía de sobra. Piensa en los cambios cognitivos de la siguiente forma: digamos que dispones de cien unidades de potencia cerebral para cada día. En este preciso momento, la enormidad del dolor, el trauma, la tristeza y la soledad acaparan el 99 % de esas unidades de energía. La unidad restante es lo que te queda para las habilidades mundanas y cotidianas de la vida, como organizar el compartir los vehículos y los detalles del funeral. Además, tiene que mantenerte respirando, mantener a tu corazón latiendo y ayudarte a acceder a tus habilidades cognitivas, sociales y relacionales. Recordar que los utensilios de cocina van en su correspondiente cajón y no en el congelador, y que tus llaves están bajo el lavabo, donde las dejaste cuando te quedaste sin papel higiénico, no están exactamente en la lista de las prioridades de tu cerebro en este preciso momento. Empleando el grá-

fico de sectores que aparece en la página anterior, traza cómo se están distribuyendo actualmente tus cien unidades de potencia cerebral. ¿Qué hay en el 99 %? ¿Qué queda relegado al segmento del 1 %?

Como el duelo/dolor afecta a tus capacidades cognitivas (como a la memoria y la capacidad de atención), intenta usar alarmas y pósits para que te ayuden a mantenerte al tanto de los detalles. Cubre todo tu hogar de recordatorios si eso es lo que necesitas hacer. No te ayudarán a encontrar las llaves, pero puede que te ayuden a recordar otras cosas.

LA NIEBLA COTIDIANA

Recuerda que buena parte del trabajo del duelo temprano se lleva a cabo en tu corazón y tu mente, y no en las acciones externas. Que no tengas ni idea de qué día es o que no puedas recordar la última vez que comiste tiene todo el sentido. Que pasen horas enteras y que no seas capaz de decir qué has hecho es normal (pese a que pueda resultar desconcertante). Es en esas secciones perdidas y aparentemente improductivas de tiempo en las que tu cuerpo y tu mente están intentando integrar tu pérdida. La niebla cotidiana es casi como un ciclo de sueño en el que estás despierto. Tu mente se desconecta para poder sanar.

Puede que no parezca gran cosa, pero ocuparte de tu organismo físico (comer, dormir, beber agua y mover tu cuerpo como puedas) es una de las mejores cosas que puedes hacer para ayudarte a resistir la niebla. Cuídate lo mejor que puedas y ten en cuenta que la niebla de la pérdida de tiempo cotidiana acabará escampando. Rendirte al tiempo perdido y permitir que sea, en lugar de combatirlo, puede hacer que el sobrevivir al duelo sea un poco más fácil.

Colorea la imagen de la página siguiente mientras te rindes al tiempo de desconexión de tu mente aparentemente improductivo pero necesario.

LOS LOGROS: PASO A PASO

Tu mente, al igual que el resto de ti, lo está haciendo lo mejor que puede para funcionar y sobrevivir en circunstancias difíciles. El dolor y la niebla cotidiana reducen realmente nuestra productividad. Intenta no juzgar tus logros actuales basándote en lo que *solías* ser capaz de hacer. No eres esa persona en este preciso momento.

Echemos un vistazo a lo que has hecho que suceda hoy. Sólo hoy. ¿Has bebido suficiente agua? ¿Te has cepillado los dientes? Esas cosas cuentan como victorias. Date un premio simplemente por estar aquí. Eso es algo importante.

Etiqueta cada uno de estos trofeos con algo que hayas hecho hoy, independientemente de lo pequeño que sea. Coloréalos. Celebra estas diminutas victorias.

LAS NORMAS PARA LA SUPERVIVENCIA

El dolor surge en la vida y lo reorganiza todo. No es una época ordinaria, y las normas ordinarias no se aplican. Las cosas que solían parecer fáciles se vuelven enormemente difíciles. El simple hecho de superar el día lleva más esfuerzo del que esperabas. Cuando el dolor reduce tu vida a una circunferencia tan pequeña de supervivencia, necesitas un nuevo libro de normas.

En los primeros meses de mi propio duelo, tuve una lista de normas de supervivencia (recordatorios para ayudarme a superar cada día o cada momento). Aquí tenemos algunas de mis normas:

1. La seguridad es lo primero. Conducir distraído es peligroso: párate en el arcén si estás llorando demasiado como para ver, y no empieces a conducir si ya estás alterado.
2. Bebe agua. Llorar durante meses sin fin es realmente deshidratante.
3. Mueve tu cuerpo de cualquier forma que puedas. No resolverá nada, pero el movimiento suele traer consigo un poco más de paz a tu ser.
4. Sal fuera de casa. Estar fuera de casa en un mundo no humano es un alivio: a los árboles no les importa si lloras.
5. Cuida de algo. Limpia el jardín. Cepilla a los animales. Envía un paquete con regalitos.
6. Lee. A veces, las palabras adecuadas pueden hacer cambiar las cosas un poco.
7. Dúchate. De verdad. Te sentirás aunque sólo sea un poquito mejor. Lo mismo se aplica para cualquier otra tarea tediosa relacionada con la higiene en tu hogar o con tu cuerpo.
8. Come. Incluso aunque sólo sean pequeñas porciones de comida saludable y rica en nutrientes.
9. No viertas tu enfado sobre ti mismo. Fíjate en si estás enfadado. Llámalo por su nombre, pero no lo viertas sobre ti.
10. Di no a más cosas. Di sí a más cosas. Piensa en lo que es muy probable que te nutra y lo que te haga salir por la puerta para participar en algo (sal en cualquier momento que quieras). Rechaza las cosas que es probable que te agoten o que te hagan sentir que tienes que defender tu derecho a estar en duelo (si vas a cualquier lugar, vete en el momento que tú quieras).

Tus normas o directrices más alentadoras procederán de tu propia experiencia. Tú eres el que mejor te conoces a ti mismo. Emplea el espacio que hay a continuación para anotar tus propias normas de supervivencia para las duras realidades del duelo. Tómalas prestadas de mi lista o crea las tuyas. Haz un gráfico, o dale a tu lista un aspecto estiloso, como si fuera un pequeño póster. Luego toma una foto de tu lista de normas de supervivencia. Llévala contigo en tu teléfono móvil. Cuando el día que viene por delante parezca demasiado difícil de soportar, usa la lista para recordarte formas de superar la jornada.

CAPÍTULO 2

¿Qué pasa si me niego?

A nadie le emociona el duelo. No es una experiencia que asumas voluntariamente. Estás aquí, pero no quieres estar.

Aunque no puedes deshacer lo que se ha hecho, no tienes, *precisamente*, por qué pasar por el duelo elegantemente.

«Aceptación» es una palabra de moda común relacionada con el duelo. Es el supuesto fin mágico del trabajo del duelo. Sin embargo, en el espacio de este capítulo no tienes por qué aceptar nada.

Sobrevivir a ello, sí; aceptarlo, no.

NO, NO Y NO

Mucha de la literatura sobre el duelo habla sobre intentar encontrar el don del duelo o de encontrar la paz en su interior. Mucho de nuestro «apoyo» para el duelo implica mirar al lado bueno de las cosas, manteniendo una imagen positiva o, si no, poniéndole brillo a las cosas. Aunque hay un momento y un lugar para algo de eso, no puedes meterle prisa. Tiene que haber espacio para luchar contra lo que ha sucedido. Tiene que haber espacio para decir lo agobiante que resulta todo esto.

Si no puedes dar rienda suelta a tu rechazo, no queda mucho espacio para nada más.

No subestimes el poder de la palabra «No». Dos pequeñas letras. Tanta fuerza.

Hay algo poderoso relacionado con decir «No».

En las siguientes páginas empieza escribiendo la palabra «No». Escríbela pequeña, escríbela enorme. Vuelve a escribirla. Haz un *collage* con ella. Dibuja el contorno de las letras y llena el espacio con todas las cosas que rechazas. Escribe un millón de «Noes» diminutos por doquier. Dale, de cualquier manera que tu «No» quiera ser dicho, espacio en la página.

(P. D.: Este ejercicio puede que haga que se pongan sobre el tapete algunas cosas. Cuando hayas acabado de llenar una página de «Noes», usa la siguiente página en blanco para escribir qué tal ha sido escribir simplemente «No». Entonces tómate una pausa. Come, descansa, mueve tu cuerpo como puedas y haz algo distinto durante un rato).

CAJA FUERTE

A veces, el dolor puede parecer como una sentencia a cadena perpetua sin esperanza de libertad condicional. Quizás temas lo que te pueda pasar, ya que no es posible que haya un final feliz. Enunciar tus miedos puede ayudarte a encontrar un pequeño espacio alrededor de ellos. Si los ignoras, simplemente se volverán más intensos.

Anota, en distintos pedazos de papel, tus miedos actuales sobre el duelo y cómo podría ser tu vida en su interior. ¿Cómo temes que el dolor pueda ser en el futuro?

Bueno, como son *miedos*, dejarlos ir sueltos de acá para allá puede permitir que se multipliquen. Debemos encontrar un equilibrio entre ponerles un nombre y permitir que se desenfrenen.

Para ayudar a contener estos miedos, toma un sobre vacío, decóralo como desees y pégalo a esta página. Puedes darle un aspecto estiloso para que parezca una caja fuerte o un cofre del tesoro con una cerradura, o cualquier otro sistema protector de contención.

Una vez que lo hayas pegado, abre el sobre e introduce tus miedos en su interior. Cada vez que surja un nuevo miedo, anótalo en un pedazo de papel y añádelo a tu caja fuerte.

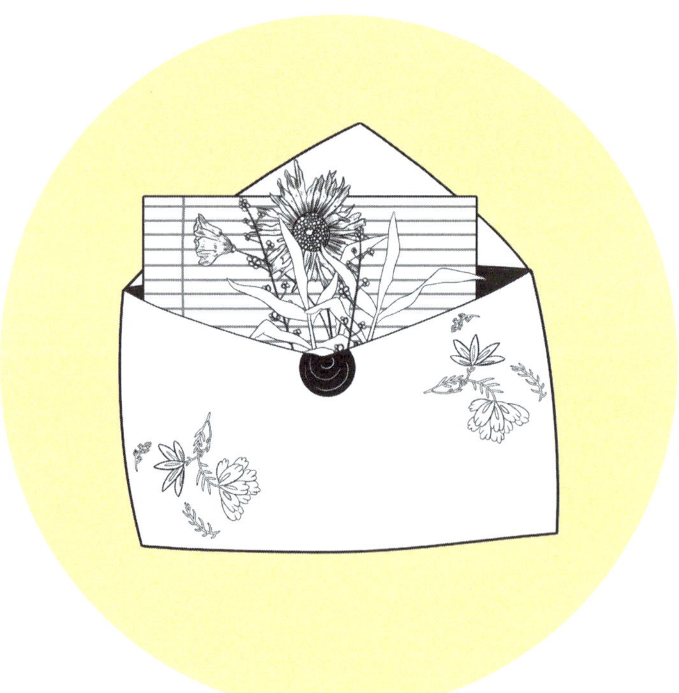

PEGA TU SOBRE AQUÍ

QUIERO	NO QUIERO

¿QUÉ ES LO QUE QUIERES?

Ahora que has permitido que el «No» libere estrés y has puesto nombre a tus miedos, dispones de un poco de espacio para examinar lo que quieres y lo que no para ti. Quizás pienses que sólo quieres la única cosa que no puedes tener, pero puede que haya otras cosas que quieras (y que no quieras) mientras sobrevives a esta pérdida.

Usa la tabla superior y escribe las cosas que quieres y las que no quieres. Puedes enumerar estados de sentimientos, acciones o experiencias. Por ejemplo, en el lado del «Quiero» puedes escribir «sentirme respaldado» o «disponer de tiempo para poner en orden sus cosas». En el lado del «No quiero» podrías escribir «No quiero sentirme agobiado». Pon en marcha un temporizador: sigue escribiendo durante diez minutos (dedica más tiempo si lo deseas).

UN VISTAZO AL FUTURO

Echa un vistazo a la tabla que has rellenado en el último ejercicio. Es una pequeña ojeada de tu mapa de carreteras en este preciso instante. ¿Qué has encontrado? ¿Qué cosas quieres para ti? ¿Qué te parece estimulante, alentador o necesario?

En el espacio que hay a continuación haz un dibujo rápido o escribe una lista breve de las cosas que quieres para ti, en este preciso momento, en el interior de tu dolor.

Hazle una foto con tu teléfono móvil. Llévala contigo. Incluso puedes programar alarmas en tu teléfono para que te ayuden a recordar que tiendas hacia las cosas que quieres y que evites o reduzcas las cosas que no quieres.

CAPÍTULO 3

Arreglártelas con un poco de ayuda (real e imaginaria)

Pese a que la pesada carga emocional de esta pérdida es sólo tuya, puedes superarla al 100 % tú solo.

A veces, los amigos y la familia son increíbles, y a veces todos parecen desaparecer. Para muchas personas, se trata de una mezcla de ambas cosas. Incluso con el mejor apoyo, el duelo puede ser increíblemente solitario. Es importante buscar fuentes de respaldo allá donde puedas. Sobrevivir al dolor es un viaje largo y requiere de un trabajo en equipo.

TU SALÓN DE LOS ALIADOS

Empecemos por las cosas buenas. Cuando el dolor hace que todo el mundo se vuelva oscuro es importante saber a quién puedes recurrir: saber quién está ahí para ti emocional y físicamente.

Llena los siguientes marcos para imágenes con fotos o dibujos de tu equipo de apoyo: amigos, familiares, animales, terapeutas y otros profesionales. Pueden ser personas que conozcas desde siempre, o gente nueva que acabe de aparecer en escena. Éste es tu «salón de los aliados». Incluso llenar sólo uno o dos marcos ya supone un buen inicio.

TOMAR MENTORES PRESTADOS

No siempre es fácil encontrar a gente que lo capte. El dolor puede hacer que el mundo parezca un lugar solitario. En caso de que las necesites, aquí tienes algunas palabras de personas a las que todavía no has conocido. Todos ellos son alumnos míos, unidos por el dolor, que te envían su cariño (para obtener más notas de cariño, examina la sección «Recursos» al final de este libro).

¡Qué rápidamente aprendemos a preocuparnos los unos por los otros! Soportar nuestras pérdidas solos es demasiado pesado; es demasiado duro depender de aquellos que no han estado donde hemos estado nosotros: en el desierto de la desesperación, en la jungla salvaje del dolor. Somos compañeros viajeros. Nuestro camino es más fácil porque lo compartimos. ¿Cómo podría no quererte? Te deseo la paz. Te deseo que tus días estén bañados de luz. Si simplemente pudiéramos abrazarnos los unos a los otros... ***Con cariño, Ann***

Ojalá sepas, a lo largo de todo momento difícil, de cada día... que eres visto y apreciado, respaldado y querido.

Con cariño, Julia

Te deseo días sin comentarios estúpidos que te dejen sintiéndote juzgado, asqueado o patidifuso por la insensibilidad o algo peor. Te deseo a alguien que te acompañe en tu cráter en silencio, con tonterías o con sarcasmo: lo que sea que necesites en ese momento. Te deseo que duermas toda la noche de un tirón, libre de ataques de pánico, de flashbacks y de despertares repentinos en la oscuridad. Un dormir lleno de sueños de amor y elegancia, cerca de tu ser querido que se ha ido, sueños que te transporten, que te animen hasta que te encuentres a ti mismo una vez más.

Con cariño, Nancie

A ti te deseo la seguridad para mostrar ese lugar sensible en el que el amor resplandece para aquéllos a quienes sientes, pero a quienes no puedes ver. Te veo rodeado de una compasión interminable, empezando por el cuidado que te muestras a ti mismo.

Con cariño, Steven

Deseo que, en este lugar en el que se te ha forzado a estar, sin haberlo elegido tú, que encuentres a otros que no sólo comprendan, sino que puedan empatizar de verdad con lo que es tener tu corazón partido en dos. Te deseo que encuentres una comunidad, tus propios guerreros del duelo que te protejan, animen y defiendan.

Con cariño, Hayley

Te deseo paciencia para ti, y que el mundo a tu alrededor te enseñe algo de paciencia también. Te deseo pajaritos, libélulas, brisas, momentos de paz (fugaces y duraderos). Te deseo todas las señales que estás buscando. Yo también las estoy buscando.

Con cariño, Mary

Cuando estás consumido por tu dolor, cuando la vida ha perdido su significado y su belleza, cuando ir hacia delante parece imposible: ojalá haya luz, incluso aunque sea en forma del más minúsculo parpadeo en la oscuridad. Ojalá haya brazos que te consuelen alrededor de ti, unos pasos amistosos detrás de ti y oídos empáticos que te escuchen. Ojalá sepas que nunca volverás a estar solo y que, si no hay otra opción, tienes a una familia de personas que te comprenden. Aunque puede que en realidad no nos «conozcamos», comprendemos, y estamos aquí. Estamos aquí. Eres muy querido.

Con cariño, Tamara

Te deseo la presencia de otra persona caminando a tu lado, en la forma que sea que alivie tu carga. Un alma amable que mire a la verdad en tus ojos y te pregunte qué tal te está yendo: no sólo hoy, sino dentro de una semana, un año, veinte años. Unas manos delicadas que sostengan tu corazón con cuidado y ternura. Unos oídos que escuchen pacientemente tu verdad, sin juzgarla.

Con cariño, Sarah

Ojalá los árboles de tu huerto en el bosque te acojan en su cariñoso abrazo y te sostengan en sus elegantes ramas. Son almas cariñosas, el rostro de la amabilidad natural. Ojalá lleguen a conocer tus amores, tus penas y tus alegrías.

Con cariño, Michelle

El corazón se abre debido a la tristeza. Veo tu pérdida, tu dolor. Pero todavía hay más; veo tu corazón en esta página. Veo tu corazón y el mío se abre al tuyo.

Con cariño, Mary

Cómo desearía poder abrazarte. Sé que no puedo hacerlo físicamente, sino que sólo puedo ofrecerme a abrazarte lo mejor que pueda en mi corazón y mi alma. Ojalá el espacio entre nosotros y a nuestro alrededor pueda ser bendecido por el amor y la compasión.

Con cariño, Suzanne

Ojalá sientas la tierra bajo tus pies en los momentos en los que te estés tambaleando y te encuentres inestable. Ojalá el dosel del cielo de una noche estrellada te acompañe en los momentos en los que te sientas abandonado y solo. Ojalá mires al Sol en el horizonte en los momentos en los que necesites recordar que hay más vida, aunque sea una vida cambiada, por delante de ti. Ojalá el curso de los ríos que fluyen hasta el océano te ayude a saber que es asunto tuyo encontrar y seguir tu trayecto. Es tu camino encontrar significado de las formas que escojas, a tu debido tiempo. Ojalá te reconozcas como tu propio hogar, por dentro y por fuera.

Con cariño, Alison

LAS PALABRAS SON MIS AMIGAS MÁS ÍNTIMAS

A veces, los mejores aliados son las palabras, no las personas. Usa esta página para recopilar citas que encuentres útiles o importantes.

TU MENTOR PARA EL DUELO: ENCONTRAR ESA ESTRELLA GUÍA

Incluso con los mejores amigos y la mejor familia ofreciéndote apoyo, el duelo es difícil.

Nunca has vivido esta pérdida antes. Es difícil saber qué hacer. Es difícil saber qué es posible, viviendo sin la persona a la que amas.

Especialmente cuando el dolor parece completamente desorientador (y otras personas simplemente quieren que lo superes), necesitas una estrella guía, alguien que viva su duelo de una forma que admires.

El dolor está por doquier. Hay miles de experiencias y millones de ejemplos sobre cómo la gente vive en su interior. Mira a tu alrededor. ¿Hay personas que viven su propio dolor de una forma que te anime, inspire u oriente? Puede que las conozcas personalmente, o que sean un personaje público. Incluso un personaje de ficción puede proporcionarte un mapa de carreteras que seguir.

Usa el espacio que hay a continuación para escribir sobre tu estrella guía. ¿Cómo te ha afectado esta persona? ¿Qué parece posible a la luz de cómo ha vivido su dolor?

Encontrar un mentor puede ser complicado. Si no tienes uno, escribe sobre no tener uno. Eso también es importante

.

AYUDA ADICIONAL: CREA A UN MENTOR EXTRA, INVENTADO Y SÚPERPERSONAL

Incluso las mejores personas no están disponibles las veinticuatro horas del día y los siete días de la semana, y a veces, incluso tus personas favoritas no pueden captar toda la visión sobre cómo respaldarte mejor. Es genial tener un mentor imaginario en espera.

Dibuja o haz un *collage* de tu mentor de fantasía a continuación. Puedes empezar con una persona y luego añadir elementos de animales, árboles o incluso partes del paisaje, como ríos y montañas. Cualquier cosa puede aportar su apoyo. Puedes ser tan práctico o fantasioso como quieras.

Puedes llamar a esta creación tu santo patrón del duelo o tu hada madrina del dolor. Haz una foto de esta página y guárdatela en tu teléfono móvil, de forma que siempre lleves a este mentor contigo. Si estás realmente motivado al respecto, recorta la imagen que crees y llévala contigo (la parte posterior de esta página está en blanco para facilitártelo). Haz fotocopias de distintos tamaños. Plastifícalas. Conviértelas en marionetas de hilo. Es *tu* mentor, así que créalo y úsalo de la forma que quieras. (P. D.: Puede que parezca tonto, pero crear un aliado imaginario puede ser algo increíblemente potente. Inténtalo).

CAPÍTULO 4

El paisaje interior

El duelo en sí mismo es un espacio sagrado. No es necesariamente un «buen» espacio, y tampoco es, necesariamente, un «mal» espacio, pero es un espacio diferenciado de la vida normal. Al entrar en duelo, cruzas un umbral. No es un lugar al que todos puedan ir, incluso aunque quieran acompañarte hasta ahí.

CARTOGRAFIANDO EL TERRENO

El mundo puede volverse muy pequeño cuando estás inmerso en el duelo. Tiempo, espacio, amor, distancia: constituyen una geografía singular.

¿Qué aspecto tiene el mapa de tu territorio? ¿Cuáles son las características clave? ¿Dónde se encuentran tus lugares favoritos? ¿Cuál es la geografía de tu corazón y tu mente?

Crear un mapa de tu dolor puede ayudar a orientarte hacia este nuevo mundo. En la siguiente página, añade cosas como hitos, puntos de interés, pasajes peligrosos y lugares de reunión o conexión. Puedes cartografiar el pasado, el presente y el futuro en el mismo paisaje todos ellos.

Aquí tenemos mi ejemplo...

Crea un mapa de tu mundo tal y como lo ves (nótese que no es necesario que te veas obligado a seguir las leyes del mundo físico).

Cómo me ven los demás

Cómo me siento en realidad

Cómo desearía sentirme

PUNTOS DE VISTA

Nada da lugar a consejos no solicitados como el dolor y la pérdida. ¿Estás teniendo un mal día? Alguien te dirá que no es tan malo. ¿Te estás sintiendo especialmente triste? Todos tienen una opinión sobre qué deberías hacer para que esa tristeza desaparezca. A la gente también le gusta hacer suposiciones descabelladas sobre cómo te estás sintiendo y a qué dedicar tu tiempo mientras estás de duelo.

La forma en la que tú te veas en duelo puede ser completamente distinta a cómo te vean las personas que hay a tu alrededor. Siguiendo los ejemplos anteriores, crea una serie de retratos para explorar estos distintos puntos de vista. Puedes dibujar, pintar, hacer un *collage:* lo que quieras.

PERDÓNAME, NO ME ENCUENTRO BIEN

Durante las primeras semanas y meses del duelo, tener un aspecto «normal» es complicado. Por ejemplo, puede que un cajero te pregunte qué tal te está yendo el día y que te eches a llorar. Tienes que pagar al empleado del aparcamiento, pero no te aclaras con las vueltas. Quieres decirle a la gente *por qué* te estás comportando de forma tan rara, pero no puedes encontrar las palabras. A veces decir las cosas en voz alta es imposible.

Emplea las pegatinas de la siguiente página cuando seas incapaz de hablar por ti mismo. Pégalas a tu chaqueta o en la parte posterior de tu teléfono móvil: lo que te parezca bien.

Para hacer las pegatinas:

Recorta la siguiente página por las líneas de puntos.

Haz una copia de esta página con una fotocopiadora (o usando la función de copiar de tu impresora) en hojas adhesivas grandes en blanco (puedes encontrar hojas adhesivas de 22 x 28 cm en la mayoría de las tiendas de suministros de manualidades y de oficina y también *online).*

Como alternativa, puedes encontrar el enlace a un archivo PDF descargable en la sección «Recursos» al final de este libro. Puedes imprimirlo directamente en una hoja adhesiva en blanco desde ahí. Recorta el contorno de cada pegatina.

Por favor, disculpa mi comportamiento. La persona que soy acaba de morir y no me encuentro bien.

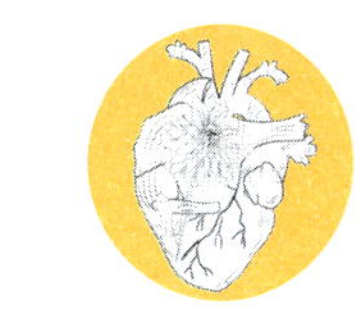

No pasa nada si me preguntas qué tal me está yendo.

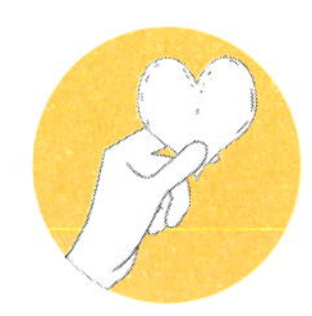

Simplemente estoy intentando superarlo.

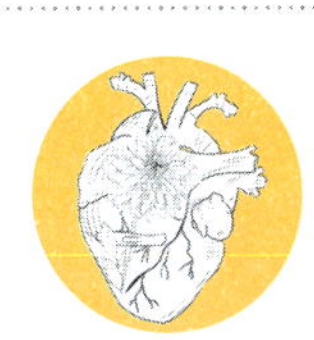

No me preguntes qué tal me está yendo. No puedo responder en este preciso momento.

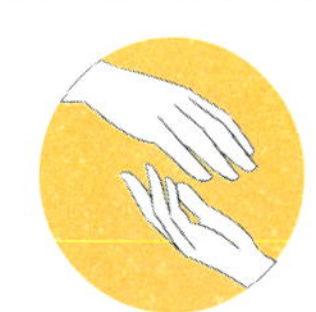

Puede que llore. No pasa nada.

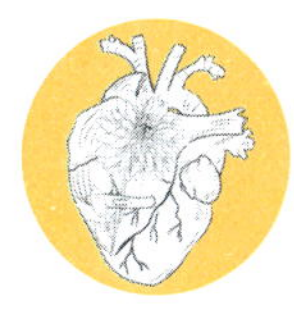

Alguien a quien quiero acaba de fallecer y no me encuentro bien.

Realmente, las cosas están muy mal.

PERSONIFICANDO EL DOLOR

Si estuvieras escribiendo ficción, querías saber cómo es la voz de tu personaje principal. Querrías saber cómo camina, el tipo de alimentos que come, cómo se peina o no el cabello. Necesitaría parecer real. De forma similar, tu dolor es un personaje: tiene un ritmo y una voz. Es particular para ti. Como vamos a trabajar con el dolor, averigüemos quién es.

Al personificar el dolor, le damos una voz. Si tiene una voz, puede decirnos cosas.

Cierra los ojos. Respira unas cuantas veces. Coge tu bolígrafo. Respira una vez más, y al espirar hazle esta pregunta a tu dolor:

¿Quién eres?

Y entonces espera.

Cuando veas o percibas la imagen (un ser, una criatura, una persona) describe lo que veas. No nos hables de ella y deja que sea tu dolor el que hable. Escribe con su voz (si te sientes atascado, sé un poco excéntrico: invéntate algo. Juega con el ejercicio. Fíjate a dónde te lleva. Date por lo menos diez minutos para escribir).

Una vez que hayas escrito desde el punto de vista de tu personaje del dolor, dibuja, pinta o haz un *collage* de tu personaje del dolor en el espacio inferior o en un folio aparte.

Si te apetece, hazle una foto a tu personaje del dolor y súbela a las redes sociales con el *hashtag* o etiqueta #dolorpersonificado (#griefpersonifi). Ésta es una forma de unirse a otros que están aprendiendo a soportar (y conversar con) su dolor. *(Véase* la sección de recursos para encontrar el vínculo a la galería para ver lo que han hecho otros).

CAPÍTULO 5

Todo esto duele

El dolor/duelo es doloroso. Podemos encontrar formas creativas de conectar con él, pero pese a ello va a seguir doliendo. Una vez que comprendas que el duelo en sí mismo no es un problema que deba resolverse, quizás te preguntes si se supone que simplemente debes sentir dolor durante el resto de tu vida.

Bueno, no. Y...

Hay una diferencia entre el dolor y el sufrimiento.

El dolor es una respuesta sana y normal cuando alguien (o algo) que amas es arrancado de tu vida.

El dolor duele, pero eso no hace que sea algo incorrecto. Va a estar ahí hasta que se suavice, y lo hará por su propia cuenta.

El sufrimiento es algo distinto. El sufrimiento son todas las cosas extra, añadidas, que hacen que todo parezca peor; y a no ser que el sufrimiento se interrumpa o cambie, simplemente crecerá hasta transformarse en una tormenta todavía mayor de tormento.

Cosas que provocan sufrimiento:

- Sentirse desestimado o no respaldado en tu dolor.
- Los juicios y los consejos sobre tu proceso de duelo (normalmente negativos y no solicitados).
- Pasar tiempo con gente tóxica, poco cooperadora y agotadora.
- Un autocuestionamiento y unas dudas excesivos.
- Negar tus sentimientos reales.
- No comer ni dormir lo suficiente.
- Castigarte por no prevenir lo que sucedió.
- Cualquier cosa que te vacíe, agote o exaspere más allá del simple dolor de la pérdida.

No podemos eliminar el dolor de la propia pérdida, pero sufrir es, en gran parte, opcional. Muy frecuentemente podemos modificarlo o cambiarlo, pero en primer lugar tienes que aprender cómo reconocerlo.

FECHA Y HORA	ACTIVIDAD	ESTABA CON	ANTES SENTÍ	DESPUÉS SENTÍ

INVESTIGACIÓN

El primer paso para reducir tu propio sufrimiento consiste en averiguar qué lo provoca. Puedes hacerlo recopilando algunos datos personales. Cartografiar tus interacciones puede parecer un poco analítico, pero el proceso puede hacer mucho por ayudarte a identificar y, por lo tanto, a reducir tu sufrimiento.

Cuando cartografías físicamente tus días, el embrollo de tu vida cotidiana empieza a revelarse en forma de una serie de ecuaciones un tanto predecibles: *Duermo mejor cuando doy un paseo a última hora del día*, o *¡Vaya! Cada vez que veo a esa persona me siento realmente enfadado después*.

La siguiente semana usa el anterior cuaderno de bitácora o diario para monitorizar cómo te sientes a lo largo del día en diversos lugares y distintas situaciones sociales. Cartografía tus interacciones sociales, cuánto has dormido, qué estás comiendo (o no) y cómo pasas tu tiempo. No tienes por qué ser obsesivo con este diario: las pinceladas gruesas de información pueden ser tan útiles como los detalles minuciosos.

Mientras rellenas tu diario, asegúrate de anotar también lo que te ha ayudado a sentirte calmado o tranquilo. Especialmente durante la etapa muy temprana del duelo, nada va a parecerte sorprendente. Sin embargo, puede que haya momentos en los que te sientas más firme, menos ansioso o capaz de ser más amable contigo mismo. Si te encuentras con algo que te haga sentirte menos mal (al principio del duelo) o, con el tiempo, incluso un poco bien (independientemente de cuándo suceda eso), añádelo a tu diario.

Analiza los hechos

Una vez que hayas anotado tus interacciones y sentimientos durante algunos días, revisa los resultados. ¿Hay actividades o interacciones que te hagan, constantemente, sentirte peor? Si, por ejemplo, tu diario muestra que pasar tiempo con una cierta persona te hizo sentir enfadado cada vez que la veías, ése puede ser un caso de sufrimiento que puedes borrar de tu vida bastante fácilmente: deja de pasar tiempo con esa persona.

Cada aspecto inductor de sufrimiento en tu diario no podrá evitarse, pero siempre que sea posible, decide evitar esas cosas que incrementen tu sufrimiento. Hacerlo hará que estés más disponible para ocuparte de tu propio dolor y reducirá el efecto negativo que el sufrimiento tiene sobre tu corazón y tu mente.

Emplea la página siguiente para anotar cualquier observación que puedas tener, dado lo que muestra tu diario. Presta especial atención a las cosas que podrían cambiarse para reducir tu sufrimiento.

EL SUFRIMIENTO EN LAS ESTANTERÍAS

Mientras estamos discutiendo el sufrimiento es un buen momento para hablar del supermercado. Ostenta el puesto número uno entre los peores para la gente que está de duelo. Si no se te ocurren, de inmediato, tus propias razones del porqué, piensa en ello: todas esas cosas que ya no tienes que comprar para esa persona. Todas esas familias sanas e «intactas» por doquier. Ese hilo musical que parece diseñado para hacer llorar a la gente, y esos conocidos aleatorios que deciden que *ahora* es el mejor momento para hacerte preguntas intimas y personales sobre tu dolor, mientras tú simplemente estás intentado comprar unos plátanos y volver a casa.

Tómate algo de tiempo para colorear la página siguiente. Puedes crear bocadillos de texto con cosas que te encanten u odies oír mientras estás en el supermercado.

¿Cómo podéis, simplemente,
seguir con vuestra vida
como si nada hubiera pasado?

¿CÓMO PUEDES SABER SI ESTÁS HACIENDO LAS COSAS «BIEN»?

Al experimentar un dolor intenso puede ser difícil decir si te está yendo bien o si estás empeorando. Incluso al proyectar las cosas, puede resultar difícil distinguir el dolor del sufrimiento.

PRUEBAS DE ESTAR HACIÉNDOLO BIEN

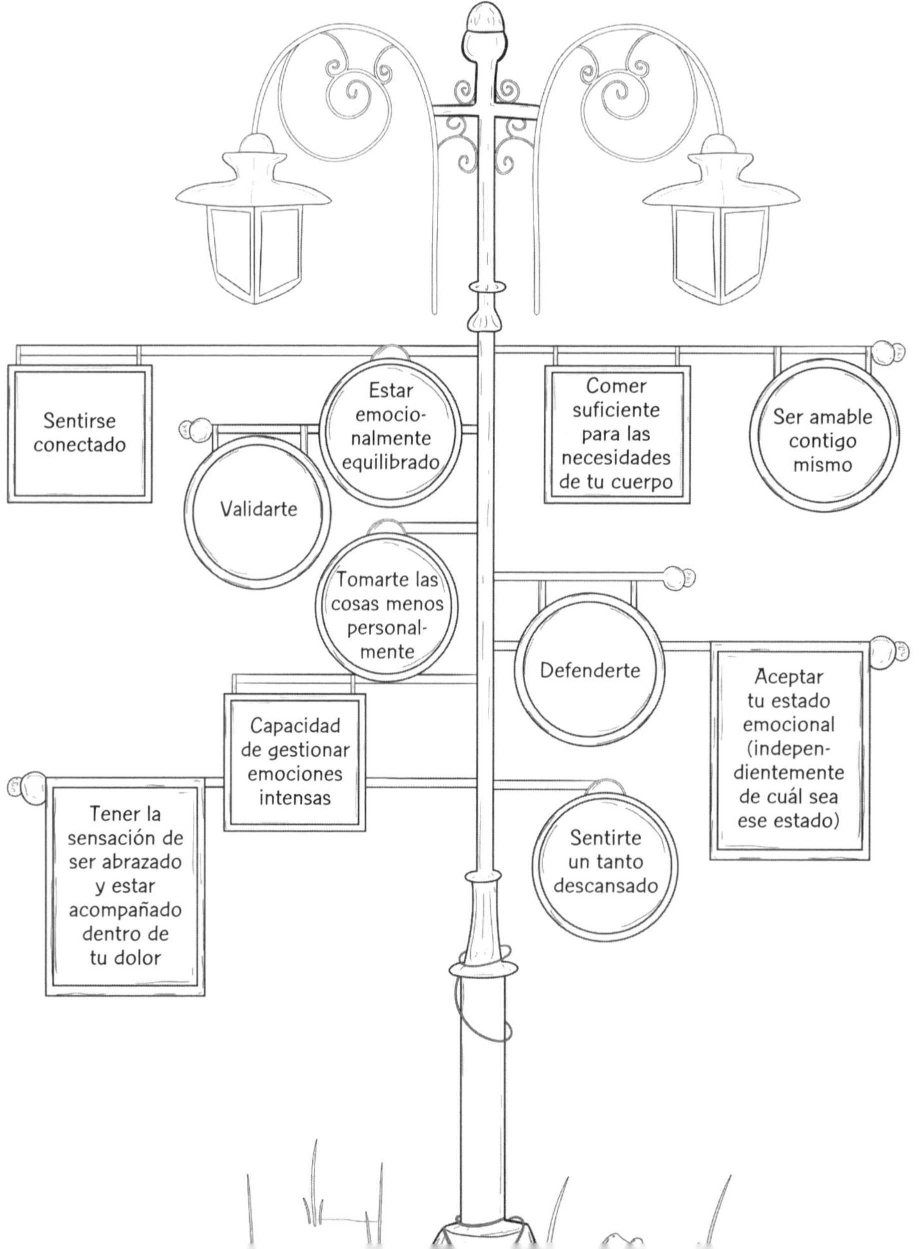

Aunque cada duelo es único, hay varios grandes indicadores de estar haciéndolo bien y no tan bien (es decir, sufrir). Revisa algunas de las señales comunes en las farolas que aparecen a continuación, de modo que puedas distinguir la diferencia de un vistazo. Recuerda que puedes estar haciéndolo bien dentro de tu duelo y, pese a ello, sentir muchísimo dolor.

EVIDENCIAS DEL SUFRIMIENTO

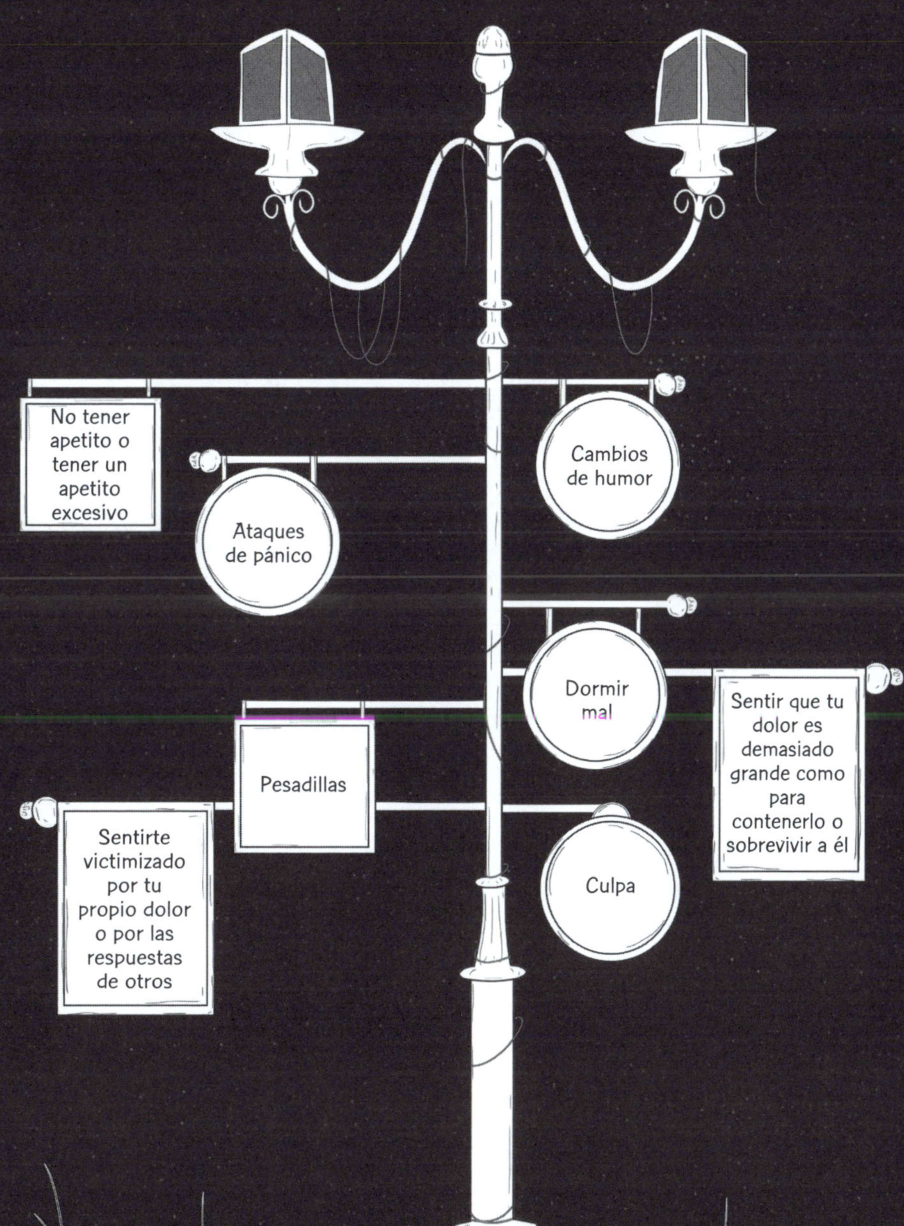

Ahora es tu turno para explorar que tal te está yendo en tu duelo. Añade señales en la farola que muestren que estás sufriendo de verdad (por ejemplo, que no estés durmiendo bien, que te sientas especialmente irritable, etc.).

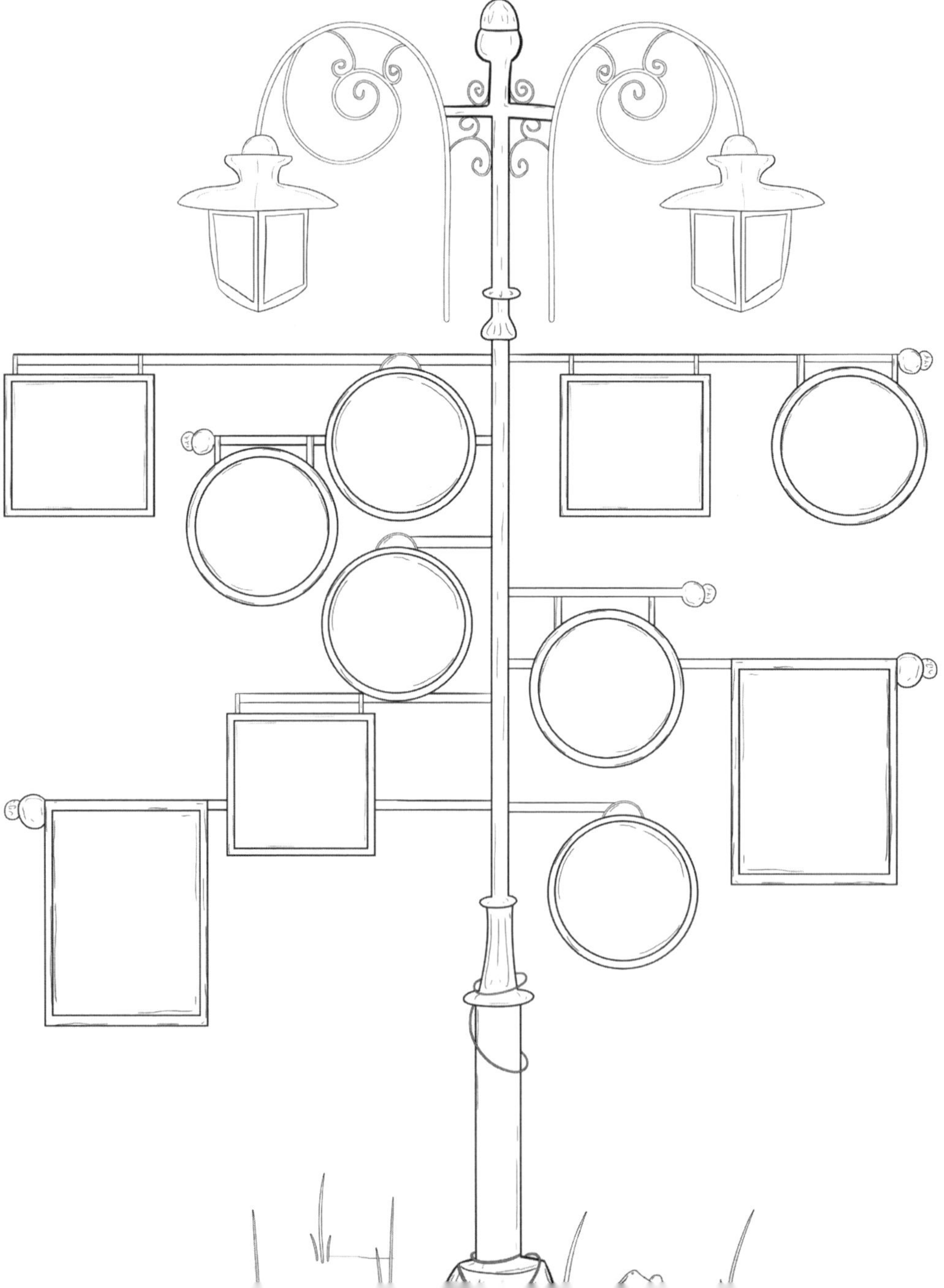

En la otra farola enumera señales que muestren que estás cuidando bien de ti (por ejemplo, sentirte descansado, ser capaz de ignorar o no hacerle caso a las pequeñas molestias, etc.). Revisar las anteriores secciones de este capítulo puede ayudarte a generar ideas.

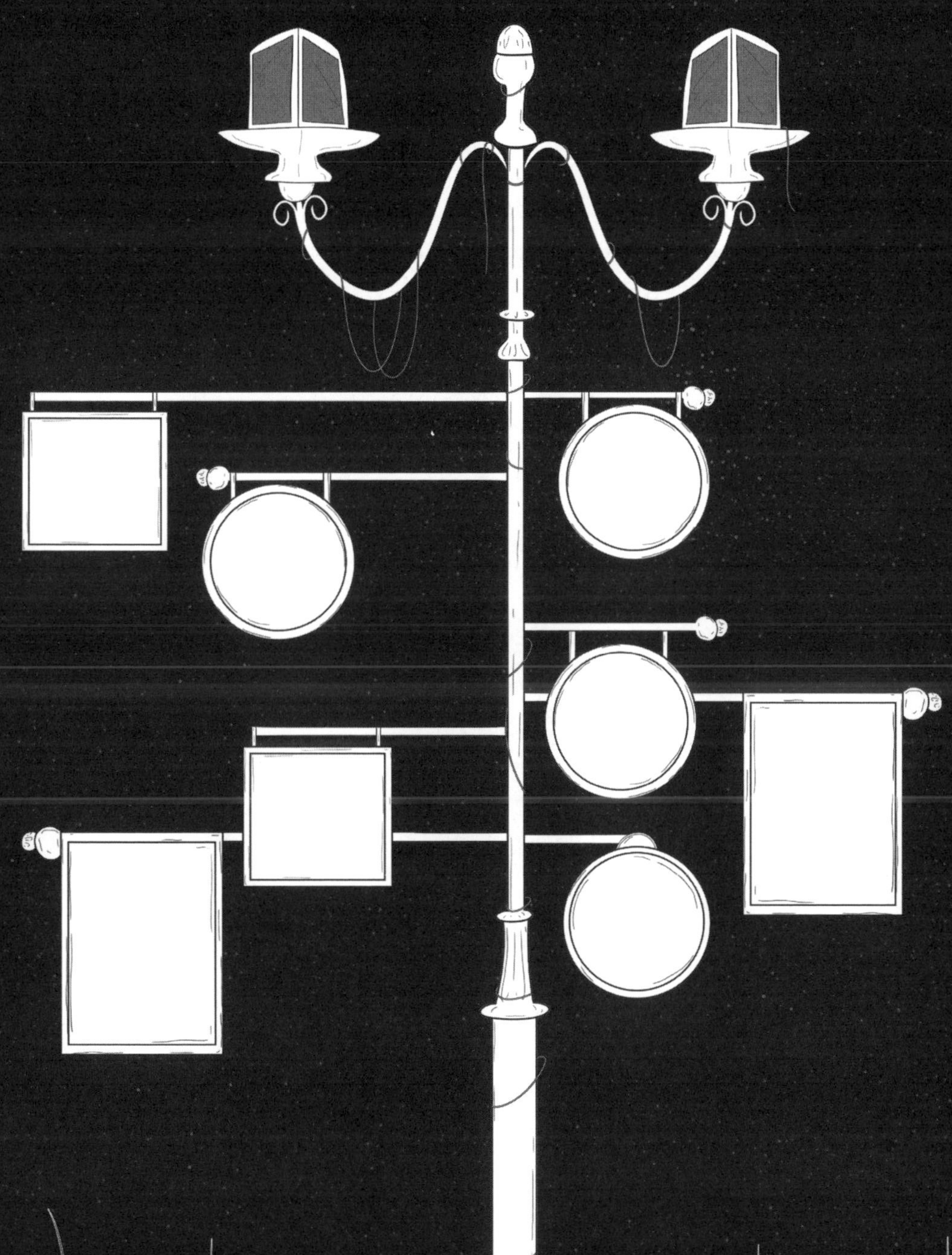

RECUERDA...

No importa cuántas veces haya entrado el dolor o el duelo en tu vida: *este* duelo no es como ningún otro. Cada nueva experiencia se despliega (y se atiende) de las formas que mejor se adapten a lo que duele.

Usa la información que has descubierto en este capítulo para que te ayude a tender hacia el bienestar y a alejarte del sufrimiento. El conocimiento que has adquirido no hará que todo se solucione de forma mágica, pero puede hacer que las cosas te resulten mucho más fáciles.

Para ayudarte a recordar qué cosas te ayudarán de verdad con tu dolor, escoge cinco cosas del primer ejercicio de este capítulo que te hagan sentir más estable o calmado (o que por lo menos no te hagan sentir peor). Anótalas de nuevo en el espacio inferior. Dibuja, colorea o decora los márgenes alrededor de esas cinco cosas. Hazlo elegante. Hazlo alentador. Si crees que necesitarás el recordatorio, incluye una nota sobre cómo te ayudan estas cosas. Haz una foto de tu lista y tenla en tu teléfono móvil. Cuando las cosas parezcan horribles y no sepas qué hacer, prueba con una de esas cinco cosas.

El simple hecho de mirar en la dirección del bienestar ayuda.
Aléjate del sufrimiento cuando puedas.

PARTE 2

UNA (ESPECIE DE) AVENTURA

CAPÍTULO 6

Caminos dolorosos por delante

Interactuar con el duelo no se vuelve, de repente, más fácil. Este trabajo que estás llevando a cabo es una práctica dolorosa. Nada de esto es fácil. El reto consiste en estar presente en tu corazón y para tu corazón y para tu propio yo profundo, incluso (y especialmente) cuando ese yo esté sufriendo.

Ahora que nos hemos fijado en algunas mediciones básicas del duelo, sumerjámonos en algunos tópicos difíciles.

El duelo tiene algunos desafortunados efectos colaterales: ansiedad, imágenes invasivas, sentir que tus emociones son demasiado intensas como para gestionarlas (lo que a veces se conoce como inundación emocional) y alteraciones del sueño, por nombrar sólo algunos.

La ansiedad es un problema importante dentro del duelo, así que empecemos por ella.

¡NO OCULTES TU ANSIEDAD!

Mucha gente experimenta una sensación de vergüenza en relación con la ansiedad, como si debiera poder desprenderse de ella y permanecer tranquila en todo momento. Si eso se aplica en tu caso, quizás te veas tentado de fingir que no te estás sintiendo ansioso.

Lamentablemente, no es eficaz fingir que no estás ansioso. Ocultar tu ansiedad hace que aparezca de repente por los lados. Hace que tus relaciones parezcan forzadas y que tu mente esté incómoda. No mentimos muy bien sobre nuestras ansiedades: hay algo que siempre delata la verdad.

La ansiedad es normal. No es más que otra forma en la que tu mente intenta reordenar el mundo tras tu pérdida. Por favor, regresa a la normalidad (especialmente a las partes de ansia, miedo y terror) con amor y respeto. Hazlo lo mejor que puedas para aliviar a tu mente trabajadora y agobiada cuando puedas. Cuéntate la verdad sobre los miedos.

Prueba con esto: Si sabes que sueles sentir ansiedad, escribe, en el espacio que hay a continuación: «Me siento ansioso con más frecuencia de lo que la mayoría de la gente sabe».

¿Ahora qué?

Inspira (y espira también).

En el espacio que hay a continuación, anota simplemente algunas palabras sobre cómo te sienta afirmar tu ansiedad «en voz alta» así.

¡Muéstrale algo de respeto!

La ansiedad es información. Te permite saber cuándo te sientes inseguro. Te permite saber cuándo estás preocupado por un resultado. Te permite saber cuándo las cosas parecen demasiado grandes o inciertas como para contralarlas. Te permite saber que te sientes sobrepasado.

Lo que *no hace* es predecir la realidad. Sentirse asustado por un resultado no hace que ese resultado sea más probable. Simplemente hace que te sientas fatal mientras esperas para obtener más información.

En el espacio que hay más abajo, dibuja o haz un *collage* de una tarjeta de agradecimiento a la ansiedad. Espera... *¡¿Qué?!*

Cuando te fijas en la ansiedad como en un signo de que te encuentras estresado, y no como en una señal de fatalidad, puedes modificar tu relación en ella. Intenta dar las gracias a modo de experimento. Dale las gracias a tu ansiedad por ayudarte a saber cuándo la vida parece demasiado grande e incierta. Dale las gracias a tu ansiedad por darte una oportunidad de buscar refugio y consuelo, de darte algo de espacio e ir más despacio. Dale las gracias por recordarte que no pasa nada por sentir miedo.

Así que sí, de verdad, usa el espacio que hay a continuación para dibujar o hacer un *collage* de una tarjeta de agradecimiento a la ansiedad. Ni siquiera tienes por qué creer que intentarlo será de ayuda.

Diario de la ansiedad

Si la ansiedad te supone un gran problema, quizás quieras examinarla un poco más. Averiguar cómo y por qué te sientes ansioso puede ayudarte a reducir la gravedad de la ansiedad. Puede ayudar a aliviarte cuando te sientas ansioso.

Si no estás seguro de lo que desencadena tu ansiedad, empieza a registrar las circunstancias o situaciones que hacen que tu ansiedad empeore. Es igualmente importante tomar nota de lo que sucedía los días que tu ansiedad se redujo o no existió. ¿Qué fue distinto esos días?

FECHA Y HORA	NIVEL DE ANSIEDAD	¿QUÉ LA HIZO EMPEORAR?	¿QUÉ LA HIZO MEJORAR?

Reconocimiento de patrones

Una vez que hayas registrado varios días en cuanto a la ansiedad, busca los asuntos recurrentes. Para mucha gente la ansiedad aumenta cuando está excesivamente cansada, no está comiendo bien o está expuesta a múltiples retos.

¿Hay patrones de tu ansiedad? ¿Cuándo es más perceptible? ¿Hay patrones con respecto a los días en los que tu ansiedad es menor?

Enumera las cosas que percibas.

Intervención con respecto a la ansiedad

Es difícil concebir habilidades de autoconsuelo cuando ya estás agotado y ansioso. Echando un vistazo a los dos últimos ejercicios (y recurriendo a lo que ya sabes de ti mismo), usa el espacio que hay a continuación para crear una lista corta de cosas que harás para ayudarte cuando la ansiedad empiece a colarse en tu mente.

Marca esta página o hazle una foto para guardarla en tu teléfono móvil.

PENSAMIENTOS E IMÁGENES INVASIVOS

La mente humana es *sorprendente* en cuanto a proyectar escenarios de desastres y rememorar eventos horribles. Este comportamiento es bastante normal en el duelo, y no puedes decirte, sin más, a ti mismo que pares. Eso es como decirle a alguien que deje de fumar, pero no decirle qué otra cosa hacer con sus manos. Los pensamientos invasivos también pueden avivar la ansiedad. Para obtener alivio, necesitarás reemplazar el pensamiento o la imagen por otra cosa.

En la siguiente página, dibuja o haz un *collage* de una representación sustitutiva que puedas invocar en tu mente cada vez que las imágenes o los pensamientos en tu cabeza sean demasiado intensos. Escoge una que puedas usar una y otra vez. Puede tratarse del paisaje consolador que encontrarás en el próximo capítulo. Puede tratarse de una imagen de alguien a quien quieras abrazándote y protegiéndote. Lo que es importante aquí no es la imagen, sino el efecto que tiene en ti. Elige algo tranquilizante y que te asiente.

Va a ser difícil apartar tu mente de los pensamientos y las imágenes que provocan ansiedad. Así es como funciona el miedo: es un hábito mental adictivo y persuasivo. Cuando te des cuenta de que los pensamientos y las imágenes en tu mente te están provocando angustia, vuelve a conducir a tu mente hacia tu imagen sustitutiva. Con el tiempo y con práctica hacerlo se convertirá en un acto reflejo.

Descanso mental

Emplea esta sopa de letras cuando necesites darle a tu cerebro un pequeño descanso de su tormento mental (para encontrar la solución de esta sopa de letras ve a la página 203).

B K O J N B F R B T K B L Q W C V P L S X F G
C A P O Y O G R V E B H U M O R N E G R O H E
H J S F Z X R I F Z G M V N W O A Ñ H E U W A
X H T U B U A M A B I L I D A D H G K C Q T Y
V F W R G V H G A X F W E M K N T I I U G M E
I T Q O K G J M Ñ L B T O U Y J U R T E N J S
A G L L P F O E I A Q F V O T V S N Ñ R F O A
N V C O R A Z O N E S E N C O N T R A D O S J
O U B D U M R H B V H K X M P W G F R O N S R
R D V T I I M Q J U F H A O I K Z I U H L A W
T U X U S L G B K G Y Z M H C Q E L P I U T Q
P E C G G I S V O X E O W G O A F Ñ A Z D N H
G R G F I A K A H L P U S E K R W S Ñ M Z A G
W M Z T L Ñ G X L Y Z D F I G L M Ñ O K Y M M
F E S T A B I E N Q U E N O E S T E S B I E N
Q M T K B P B R H G T S F B W K A H D O G D T
U A Q P G J Q O A V L C P M Y D G L U I N E Z
Z S P R I G X J Ñ A M A B I L I D A D P Q T R
O Z L G H A A B Q F Y N S V U N B H V Z L R J
I P G B O R M G T R I S T E L R E I O K Y E X
K Q F Z J F O G B H Z O X Q H F V L P Ñ G U I
T E Q U I E R O J G V W C O N E X I O N V F W

Céntrate en tu respiración (a veces)

En situaciones que provoquen ansiedad o angustia emocional, algunos médicos clínicos y profesores recomiendan que te concentres en tu respiración o en sensaciones físicas de tu cuerpo; pero cuando te estés enfrentando a la ansiedad relacionada con la muerte, las lesiones o las enfermedades crónicas, prestar atención al cuerpo físico puede empeorar las cosas.

Sin embargo, hay una acción basada en la respiración que puede ser de ayuda.

Los estudios de las ciencias relacionadas con los traumas y la neurobiología muestran que alargar tu espiración ayuda a aliviar al sistema nervioso cuando está agitado, como cuando sientes ansiedad aguda. Esta sencilla acción detiene el aluvión de las hormonas del estrés que desencadena una ansiedad que se intensifica.

Cuando estés perdiendo los papeles de forma activa, recordar una simple indicación es más fácil que recordar todo un montón de otras herramientas. Por lo tanto, cuando te sientas ansioso, recuerda este único pensamiento sencillo: haz que tu espiración dure más que tu inspiración.

Que sea sencillo es genial. Es una opción que frecuentemente está bajo tu control y que siempre está accesible, y puede ser de ayuda.

CONTROLAR TUS SENTIMIENTOS

El dolor nunca te va a hacer sentir bien, pero, ciertamente, hay ocasiones en las que la enormidad de tu dolor es más difícil de gestionar que otras veces. Hay, claramente, un momento y un lugar adecuados para los sentimientos gigantes, y puede que el supermercado no sea uno de ellos.

Por lo tanto, ¿qué puedes hacer cuando tus emociones parezcan incontenibles (como cuando estés teniendo un ataque de pánico o, simplemente, demasiados sentimientos de golpe) en un momento inoportuno? Céntrate en tu entorno, y no en tus sentimientos. Calma tu mente contando o nombrando cosas tangibles.

Hay menos probabilidades de que esta práctica ocasione más daño cuando te centres en lo que es mundano, repetitivo, neutro y esté fuera de tu cuerpo. Aquí tenemos algunos ejemplos:

- Cuenta todas las cosas de color naranja que veas a tu alrededor. Nómbralas.
- Escoge una letra del alfabeto y nombra todas las palabras en las que puedas pensar que empiecen por esa letra.
- Cuenta hacia atrás desde el cien dando saltos de siete números.
- Enumera los nombres de todas las plantas y animales que conozcas.

No importa en qué cosas físicas elijas centrarte: simplemente importa que sean tan mundanas como sea posible y que puedas repetir el proceso de concentración fácilmente. No estás intentando resolver nada, sino que simplemente estás intentando ayudar a que tu cerebro se calme dándole algo que hacer.

Si sueles sentirte sobrepasado regularmente, puedes pensar en llevar contigo un pequeño cuaderno de notas y un bolígrafo especial sólo para este ejercicio.

¡Pruébalo ahora!

No esperes a tener un colapso para probar este ejercicio. Toma un bolígrafo y usa este espacio para anotar todas las cosas de color naranja que veas a tu alrededor ¿Tienes un bolígrafo de color naranja?: úsalo para redactar tu lista.

¡Probemos con otro ejercicio! Anota todas las palabras en las que puedas pensar que empiecen por la letra *B* (detente cuando te quedes sin espacio o sin palabras).

Una cosa más: enumera los nombres de todas las plantas o flores que recuerdes. También puedes dibujarlas.

Una lista a la que recurrir en los momentos duros

Ahora que has probado el ejercicio anterior, ayuda a tu yo futuro. En el espacio que viene a continuación, redacta una lista de cosas que harás cuando tus sentimientos sean demasiado intensos para el entorno en el que te encuentres. ¿Contarás cosas? ¿Nombrarás cosas? ¿Recitarás el abecedario al revés?

Decora tu lista. Haz que resulte relajante, sencilla y limpia. Añade un mensaje corto que te recuerde que debes encontrar un pilar dentro de la tormenta de emociones. Haz una foto de tu lista. Tenla en tu teléfono móvil. Úsala en cualquier momento en que lo necesites.

Recuerda que alejarte de tu dolor cuando éste es demasiado intenso para la situación es un acto de generosidad. Es una forma de cuidar de ti con amor y respeto. Supera el aluvión de emociones lo mejor que puedas y regresa a tu dolor cuando dispongas de los recursos y de la capacidad para hacerlo.

PROBLEMAS CON EL SUEÑO

El dolor es agotador, y el sueño es lo que mejor te ayudará a sobrevivir a lo que necesites sobrevivir: puede ayudar a reducir la ansiedad, ayudarte a regular tus emociones y ayudarte a responder a los retos de la vida con una mayor habilidad. El problema es que el dolor puede fastidiar de verdad tu capacidad de dormir.

Ciertamente, hay cosas que puedes hacer para fomentar que te quedes dormido, pero, como ya sabemos, el dolor no sigue unas normas predecibles. Descansa cuando puedas, incluso aunque no puedas dormir completamente.

Ésta es un área en la que el personal médico (tanto alopático como holístico) puede ser de ayuda. Habla con tus sanitarios de confianza sobre formas de respaldar un sueño más reparador.

Usa este espacio para anotar cosas que suelan ayudarte a quedarte dormido y cosas que parezcan evitarlo.

ESTAS COSAS ME AYUDAN A DORMIR	ESTAS COSAS FASTIDIAN MI SUEÑO

Pesadillas debidas al dolor

Aunque el sueño es incluso más necesario durante un duelo intenso que en otros momentos, las pesadillas relativas a tu pérdida pueden hacer que dormir sea algo que prefirieses evitar.

Las pesadillas son muy desagradables.

Y pese a ello, los sueños recurrentes, o los sueños en los que transmites la noticia de la muerte una y otra vez son, de hecho, una parte sana y necesaria del duelo. La fase del sueño durante la cual soñamos es cuando nuestra mente lleva a cabo el trabajo profundo y arduo de desglosar la realidad de la pérdida en partes asimilables.

Cuando hayas tenido una pesadilla relacionada con el duelo, en lugar de analizarla en busca de su significado oculto podrías reconocerla (y nombrarla) como tu mente intentando, esforzadamente, procesar la pérdida. Algo tan sencillo como repetirte: «Mi mente está intentando hacer espacio para esto» puede ayudar a calmar tu mente y aliviar tu sistema nervioso cuando las pesadillas relacionadas con el duelo te despierten.

Usa el espacio que hay a continuación para anotar una lista breve de cosas que harás para ayudarte a tranquilizarte cuando una pesadilla te despierte. Si duermes con tu teléfono cerca, guarda esta lista en él de forma que la tengas a mano.

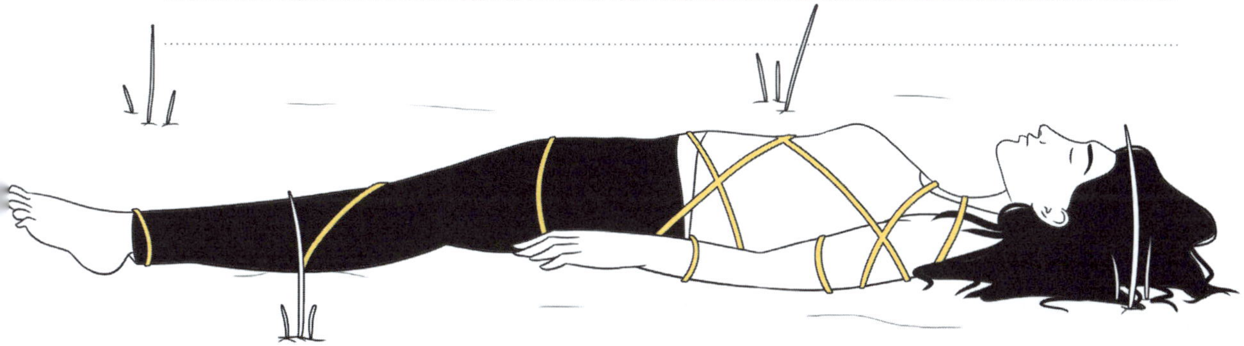

CAPÍTULO 7

Descanso y recuperación

El duelo es un viaje largo. Para superarlo necesitarás fuentes de consuelo alentadoras y enriquecedoras.

Necesitas lugares para descansar. Necesitas adquirir el hábito de preguntarte a ti mismo qué necesitas. Necesitas saber qué actividades te recargan las pilas, y necesitas recordatorios aleatorios que te ayuden a estar arraigado y asentado mientras el dolor se desvanece y rehace tu vida.

Este capítulo contiene ejercicios para ayudarte a averiguar todo eso.

UN FUERTE DE MANTAS DE TU PROPIA ELECCIÓN

Busquemos consuelo. Imagina un paisaje que te parezca protector y enriquecedor. Emplea la página siguiente para crear tu propio paisaje. Puede estar dentro o fuera de casa, ser real o imaginario, dibujado o creado en forma de un *collage*. Añade cualquier cosa que te parezca reconfortante o te proporcione una sensación de amor y apoyo. Si no estás seguro de por dónde empezar, crea un fuerte de mantas y avanza a partir de ahí.

P. D.: Usa esta imagen como tu lugar de felicidad, incluso cuando no te sientas feliz.

MENSAJE EN UNA BOTELLA

A veces, una nota inesperada puede cambiar toda tu jornada, aportando un poco de alivio (o incluso humor) a un momento difícil. Usa las postales que aparecen en la siguiente página para escribirle cartas de amor a tu yo futuro (puedes encontrar un enlace de las postales imprimibles en la sección «Recursos», al final de este libro). Las citas especiales y las notas de validación o de ánimo también pueden servir a modo de mensajes geniales. Recorta por las líneas de puntos, imprime las páginas en una cartulina gruesa, añade tus mensajes, escribe tu dirección en las postales y dáselas a un amigo para que te las envíe por correo a intervalos regulares (o envíatelas a ti mismo). Es muy probable que te olvides de lo que escribiste y que te sorprendas de tu capacidad de presentimiento.

Algunas cosas no pueden arreglarse.

Sólo pueden soportarse.

SELLO

SELLO

Ojalá haya
una diminuta isla
de paz en tu día.

SELLO

SELLO

UNA INTROSPECCIÓN IMAGINATIVA CONTIGO MISMO

Tu mundo interior funciona como una llamada y su respuesta: si pides una imagen, aparece una imagen. A veces es un poco tosca, y a veces la imagen no aparece de inmediato, pero siempre aparece una imagen. Tomémonos un momento para ponernos en contacto con ese mundo interior (puede que este ejercicio parezca un poco disparatado. Simplemente llevémoslo a cabo).

1. Reúne tus materiales de escritura o pintura favoritos.
2. Tómate un momento para centrarte. Por *centrarse* no me refiero a sentirte bien o preparado, sino a estar aquí. Respira unas cuantas veces.
3. Hazte esta pregunta: ¿cuál es el estado de mi corazón?

Dale algo de espacio a la pregunta. Espera a que aparezca una imagen. Tu ojo interior no es un restaurante de comida rápida, así que puede que lleve algo de tiempo. Si nada parece aparecer, vuelve a preguntar. Espera una respuesta. Permite que las imágenes surjan sin intentar manipularlas ni cambiarlas.

Puede que aparezca una imagen visual. Puede que la imagen consista en un corazón literal, pero la mente suele jugar con las metáforas o los símbolos. Puede que se trate de un paisaje, un objeto, un lugar o una escena. También podría ser un color o una sensación corporal, en lugar de una imagen. La imagen que responda es la historia de tu corazón, aquí y ahora.

Usa el espacio que hay a continuación para describir lo que ves o sientes. Pasa algo de tiempo con ello. Si se trata de una imagen, describe qué aspecto tiene. Si es una sensación o un estado emocional, descríbelo. No tengas prisa. Analiza de verdad lo que surja. ¿Cuál es el estado de tu corazón?

Puede que te sorprenda lo que te responda o lo que veas. La imagen o la sensación puede que sea tranquilizadora o no. Sin embargo, a veces, incluso un retrato certero del desastre puede suponer un alivio.

Cuando sientas que has descrito o dibujado lo que ves o sientes con un detalle suficiente, aléjate un poco.

¿Qué tal es que veas el estado de tu corazón?

Permite que tu respuesta llene la página.

EN CASO DE EMERGENCIA

Rellena las tarjetas en blanco de la caja con notas de tus amigos, citas especiales y recordatorios importantes para ti. Cuando las cosas parezcan lúgubres, cierra los ojos, haz círculos con la mano por encima de la página y deja que tu dedo baje a través del «vidrio» para elegir un mensaje.

Si quieres llevarlo más allá, crea una caja física de «en caso de emergencia» llenando una caja de zapatos o un contenedor más elegante con notas de amigos, citas y mensajes para ti mismo. Saca una tarjeta cuando necesites algo de apoyo.

UN MENÚ DE VERDADEROS AUTOCUIDADOS

Una búsqueda en las redes sociales del término «autocuidados» dará como resultado muchas sugerencias e imágenes de pasar días en un balneario. Los tratamientos en un balneario pueden ser encantadores, pero como representación del aspecto que podrían tener los autocuidados, ofrecen unas opciones realmente limitadas. Esas sugerencias de pasar un día en un balneario asumen que todos nos sentimos beneficiados y recuperados con una buena pedicura e implican que el mundo puede arreglarse con el tratamiento facial adecuado seguido de la combinación de zumos perfecta. Esas ideas frecuentemente sugeridas de autocuidados también asumen un nivel de riqueza o acceso que no todo el mundo posee. Necesitas mejores opciones.

Las buenas opciones de autocuidados te ayudan a descansar y recargar pilas cuando te sientes vacío. Los autocuidados regulares pueden evitar, además, que acabes completamente vacío. Tal y como sugiere la educadora Kate Kenfield, los buenos autocuidados te ayudan a reorganizarte de modo que puedas participar en la vida de la forma que desees. Te permiten responder a situaciones desafiantes con habilidad y amabilidad. Te permiten aparecer y seguir adelante.

Los autocuidados sostenibles consisten más en una práctica que en un evento excepcional. Cuando dispones de un menú de opciones entre las que elegir, optar por cuidar de ti mismo se convierte en algo mucho más fácil. Averiguar lo que de verdad te parecen autocuidados *antes de que los necesites* es un gran regalo para ti mismo.

Aquí tenemos algunas ideas para tu menú de autocuidados que van más allá de las sesiones en un balneario:

- Adquiere el hábito de preguntarte qué necesitas. Un día puede que se trate de movimiento físico. Otro día quizás sea el tiempo y el espacio para reflexionar y examinar tus emociones. No lo sabrás a no ser que preguntes.

- Busca consuelo táctil, como, por ejemplo, en forma de un masaje, un baño caliente o unos calcetines calentitos.

- Presencia o participa en algo lúdico: lleva a tu perro a la playa, mira vídeos de nutrias, haz el baile más ridículo que puedas imaginar, cualquier cosa que pueda inducir un poco de bobaliconería.

- Ve a algún lugar bonito. Elabora una lista breve de lugares entre los que escoger, como, por ejemplo, museos de arte concretos, catedrales, arboretos o jardines públicos.

- Dedícate tiempo regularmente para crear. Reúne tus materiales artísticos en una caja, de modo que no tengas que buscarlos cuando los necesites. Incluso algunos minutos dibujando y garabateando pueden ayudarte a reducir el ritmo y liberar tensión.

- Conecta. El tiempo pasado con las personas adecuadas puede recargar tus pilas. Elabora una lista de amigos con los que puedas contactar en persona y *online*. Recuerda que las distintas personas son buenas en distintas cosas: puede que un amigo sea genial cuando te sientas triste o necesites que alguien te escuche, mientras que puede que otro amigo sea mejor cuando estés intranquilo y necesites algún tipo de aventura.

Usa las líneas que aparecen a continuación para añadir tus propias ideas.

AUTOCUIDADOS MIENTRAS VIAJAS EN EL TIEMPO

Si tienes que hacer algo difícil (como reunirte con tu abogado, o recoger unas cenizas o superar un aniversario) organiza algo alentador y reconfortante para después del evento.

Cuando te estás sumergiendo en grandes actividades emocionales también puedes programar un temporizador, para así disponer de un momento en el que parar. Programa, por ejemplo, un temporizador para que te avise a los noventa minutos antes de revisar el papeleo relacionado con la muerte. Puede que parezca tonto, pero que te proporciones un momento concreto para parar puede ayudarte a gestionar eventos emocionales duros.

Usa las ideas que aparecen en la siguiente lista para hacer que las cosas sean más fáciles para tu yo futuro, y usa las líneas en blanco para añadir tus propias ideas de autocuidados mientras viajas en el tiempo.

- Organiza todas las cosas que necesitarás para un paseo: chaqueta, calzado, auriculares, las llaves de casa. Programa un temporizador antes de iniciar una tarea desafiante. Cuando el temporizador suene, sal a dar un paseo.
- Pídele a un amigo que te envíe un mensaje de texto cuando esperes que el evento haya acabado. Indícale una hora concreta y pídele que se ponga una alarma para que recuerde contactar contigo.
- Antes de salir de casa, deja preparados tu hervidor de agua y tu taza favorita y hazte un té delicioso. Deja bien doblada tu ropa más cómoda y déjala cerca. Cuando llegues a casa, todo lo que tendrás que hacer es calendar el agua y cambiarte de ropa.
- Organiza reuniones con amigos para ir a ver una película después del evento. Diles que quizás no quieras hablar, pero que te encantaría disfrutar de su compañía.
- Pídele a un amigo que mantenga una vela encendida por ti durante el evento. Pídele que te envíe una foto de su vela varias veces durante el evento. Saber que hay alguien ahí, pensando en ti, puede proporcionarte la fuerza suficiente para superarlo.

LA AMABILIDAD LO ES TODO

Lo que estás viviendo no es fácil. Tratarte con amabilidad no cambiará el duelo, pero hará que las cosas sean más fáciles para tu mente y tu corazón.

Lo complicado es que... encontrar amabilidad para uno mismo es lo más difícil de hacer. Podemos ofrecer amabilidad incluso a las personas más desalmadas del mundo, pero... ¿amabilidad contigo mismo? No. Nanay. No puedo ser amable conmigo mismo. *Eso supone dejarme ir con demasiada facilidad.*

Si estás sintiendo una intensa aversión por la idea de la amabilidad contigo mismo, no estás solo. Es difícil para todo el mundo.

Como la amabilidad con un mismo es muy difícil de practicar, es importante disponer de recordatorios cotidianos y tangibles. Prueba con la amabilidad simplemente durante unos minutos. Dirígete hacia ella, incluso aunque no puedas recorrer todo el camino hasta llegar a ella. Aférrate a ella.

¿Qué aspecto tendría hoy la amabilidad contigo mismo? ¿En este momento? Escribe tus respuestas a continuación.

El duelo requiere de amabilidad. Autoamabilidad. Por todo lo que has tenido que vivir.

Algunas sugerencias para la autoamabilidad

La amabilidad con uno mismo puede consistir en permitirte dormir tanto como necesites, sin vapulearte por ello.

Puede consistir en decir «No» a los compromisos sociales.

Puede consistir en dar la vuelta con el coche justo después de haber llegado al aparcamiento del supermercado, habiendo decidido que comprar víveres es algo un tanto excesivo como para que puedas soportarlo en ese preciso momento.

Puede consistir en no ser tan duro contigo mismo, haciendo a un lado las exigencias que te autoimpones.

Puede que implique exigirte, en algunas ocasiones, sacarte del suave nido de la distracción y explorar el panorama más amplio del dolor.

El aspecto de la amabilidad cambiará, pero tu compromiso con ella puede permanecer constante. Ahí es donde está tu seguridad: saber que no te abandonarás a ti mismo. Saber que, haciéndolo lo mejor que puedas, regresarás a tu estado normal con la amabilidad. En un mundo que parece estrambótico y alterado, tu compromiso con la autoamabilidad aporta algo de estabilidad.

MANIFIESTO DE AUTOCUIDADOS

Si creases tu propio manifiesto de autocuidados, ¿qué incluiría?

En terapia, frecuentemente le recuerdo a la gente la analogía de la seguridad en un avión: en momentos de problemas o de peligro, ponte primero la mascarilla de oxígeno antes de intentar ayudar a los demás. Dentro de tu duelo debes ponerte tú en primer lugar. Para sobrevivir debes volverte apasionado con respecto a cuidar de ti mismo.

Un manifiesto de autocuidados es un mapa de carreteras para la supervivencia. Es como usar una consigna y la corrección del rumbo cuando te sientas sobrepasado y perdido en tu dolor. Supone un apoyo y ánimo para permanecer fiel a ti mismo y seguir tus propias necesidades cuando el mundo exterior insista en que hagas las cosas a su manera. Te ayuda a escoger la amabilidad por encima de la autoflagelación.

Puede que el vocablo «manifiesto» parezca pomposo y vanidoso; pero en serio (ser intenso en cuanto a tus propias necesidades, ponerte en primer lugar, e insistir en crear espacio para lo que hace que todo esto sea mejor, más fácil y más amable), no hay nada más importante.

Un manifiesto de autocuidados puede ser tan breve como para consistir sólo en tres palabras: practica la amabilidad. También puede ser una carta de amor para ti mismo o una lista de unas diez cosas que sea importante recordar. Crea tu propio manifiesto de autocuidados en la página siguiente.

Dale un aspecto estiloso. Hazlo bonito. Hazlo intenso. Hazle una foto y guárdala en tu móvil. Conviértelo en el fondo de pantalla de tu ordenador portátil. Pégalo a tu nevera. Colócalo por doquier.

Ojalá seas amable con tu propio yo triste.

CAPÍTULO 8

Los dones y los peligros de la distracción

La gente que está de duelo no puede ganar. Si muestras tus sentimientos, la gente dirá que eres «demasiado sensible» y que tienes que seguir adelante. Si no muestras tus sentimientos, estarás en «negación» y deberías enfrentarte a la verdad. No es de extrañar que la mayoría de la gente lleve su duelo en secreto.

Lo cierto es que no tienes la obligación de soportar toda la potencia del duelo de golpe. Simplemente, no es posible. Debe haber ocasiones en las que puedas mirar hacia otro lado, apartar la mirada y anestesiarte emocionalmente.

Cuando el duelo es algo nuevo,* te encuentras en el interior de esa intensa herida emocional durante cada segundo del día. El dolor lo es todo: es agotador y ocupa toda tu atención.

Algunos días y en algunos momentos puedes mantener la mirada puesta en tu propio corazón roto, y algunos días, en algunos momentos, mantener esa mirada parece imposible.

Tener compasión de ti mismo en esos momentos en los que eres testigo de tu propio dolor incluye ser lo suficientemente amable como para bajar la mirada cuando su intensidad llegue a ser excesiva.

No pasa nada porque des la vuelta cuando lo necesites. No pasa nada por sentir cómo te insensibilizas. El entumecimiento forma parte del duelo. La necesidad de apartar la mirada es normal cuando tu pérdida te tiene tambaleándote. Es incluso saludable. Es una amabilidad. La amabilidad cuenta.

Encontrar buenas distracciones puede ser complicado. No es como si tu pérdida fuese a «desaparecer» mientras estás en el cine viendo una película (de hecho, los cines se encuentran entre los peores lugares para distraerse). Las *buenas* distracciones te permiten desplazar tu centro de atención, permitiendo que otra cosa ocupe el centro del escenario durante un rato. Las buenas distracciones te proporcionan un poco de espacio para respirar. Si hay algo que te proporcione incluso un momento de alivio o descanso, dirígete hacia eso.

---

* Define «nuevo» para ti.

Como práctica regular, puedes examinar el estado de tu corazón para ayudarte a saber qué necesitas. Cada día (cada hora) será diferente. Antes de que te sumerjas en un conjunto de actividades de una lista de verificación, haz una reflexión interna. Pregúntate qué necesitas. De ese modo tendrás más probabilidades de obtener lo que, de hecho, estés buscando. Hacer una reflexión interna sobre tu lista de verificación también te permitirá saber si tus distracciones a las que acudir están provocando más mal que bien.

PLANIFICAR CON ANTELACIÓN

Crear un menú de opciones que te distraigan antes de que las necesites es un gran acto de autocuidados y amabilidad. Un poco de esfuerzo puede proporcionar grandes beneficios. En la lista de ejemplos que aparece a continuación, resalta las cosas que hayas probado. Rodea con un círculo las que podrías estar dispuesto a probar. Añade actividades adicionales en las líneas que aparecen al final.

- Hacer ejercicio
- Ver la televisión
- Escuchar un nuevo pódcast
- Dibujar mandalas
- Dormir una siesta
- Hacer trabajo de voluntariado
- Hornear algo para un amigo
- Ver una película
- Ir a la playa
- Dibujar tatuajes temporales en tu piel
- Dominar una receta complicada
- Caminar por el bosque
- Jugar a videojuegos
- Leer una novela de fantasía
- Echar un vistazo en una librería
- Probar un nuevo deporte
- Hacer un cursillo de algo que nunca hayas hecho
- Tomarte una pausa artística: ve a una galería o un museo
- Llevar a cabo trabajo de jardinería
- Hacer un viaje por carretera
- Abordar un proyecto de mejoras en tu hogar
- Practicar un nuevo idioma
- Hacer una lista de todas las plantas y los animales en los que puedas pensar
- Pasar tiempo buscando la bondad o cosas positivas
- Hacer una yincana de belleza (encuentra treinta pequeñas cosas bonitas)
- Leer todos los archivos de un blog que te guste

____

____

____

____

____

____

LOS RESULTADOS DE MIS DISTRACCIONES

Vuelve a echar un vistazo a los ejercicios que completaste en el capítulo 5. Piensa en todas las actividades que has anotado que puedan considerarse distracciones o pausas emocionales. ¿Qué distracciones tiendes a usar? ¿Cómo te sientes al hacer uso de ellas? ¿Cómo estabas esperando encontrarte? ¿Obtuviste lo que querías de ellas? Averigüémoslo.

Quizás, para la «desconexión emocional» de hoy te hayas ido a correr mientras escuchabas un pódcast. Esperabas que la carrera te ayudara a reducir tu ansiedad y que te cansara lo suficiente para dormir por la noche. Después de la carrera te has sentido ciertamente cansado y, por lo menos, mientras corrías, no has sentido ningún pensamiento que te provocara ansiedad. Si haces un diagrama de eso, tendría un aspecto así:

ME SENTÍA	Ansioso y cansado
QUERÍA	Menos ansiedad y más sueño
DECIDÍ	Correr 5 kilómetros, escuchar un pódcast de ficción
SUCEDIÓ ESTO	Ciertamente cansado, me tomé una pausa de los pensamientos generadores de ansiedad

A veces no conseguirás lo que quieres de una actividad. Puede que el pódcast que decidiste escuchar tuviera un argumento sobre el duelo que te pillara por sorpresa. Quizás comerte una *pizza* entera mientras hacías un maratón viendo algo en la televisión pareciera genial en ese momento, pero fastidió tu sueño por completo. Quizás sigas eligiendo esas actividades por el alivio que te proporcionan a corto plazo, pero comprender las consecuencias potenciales te permite tomar decisiones mejor informadas. Quizás también te des cuenta, por ejemplo, de que correr te dolía, y decidiste correr más porque te estabas castigando a ti mismo. El trazado de un plan de las cosas puede mostrarte los casos en los que hacer comprobaciones puede ser una señal de advertencia.

Haz un esquema aquí de tus actividades de desconexión a las que acudir:

ME SENTÍA	______________________
QUERÍA	______________________
DECIDÍ	______________________
SUCEDIÓ ESTO	______________________

12
3
9
6

¿CUÁNTO ES DEMASIADO?

El canto de sirena de la insensibilidad o entumecimiento puede ser fuerte, porque el dolor es intenso. Buscar alivio es sano. Vivir todo el tiempo en un mundo de fantasía no lo es. Echemos un vistazo detallado a tus actividades de distracción usuales. Emplea esto para que te ayude a abrirte camino entre la distracción útil y la completamente inservible.

ACTIVIDAD	Maratones de películas
¿CON QUÉ FRECUENCIA?	Todo el día y todos los días
¿CUÁL ES EL RESULTADO?	Me siento con resaca al final del día; amodorrado y lento

ACTIVIDAD	Positividad impuesta
¿CON QUÉ FRECUENCIA?	Es el único estado mental que me permito
¿CUÁL ES EL RESULTADO?	¿Qué quieres decir? ¡Todo está bien!

ACTIVIDAD	
¿CON QUÉ FRECUENCIA?	
¿CUÁL ES EL RESULTADO?	

ACTIVIDAD	
¿CON QUÉ FRECUENCIA?	
¿CUÁL ES EL RESULTADO?	

ACTIVIDAD	
¿CON QUÉ FRECUENCIA?	
¿CUÁL ES EL RESULTADO?	

ACTIVIDAD	
¿CON QUÉ FRECUENCIA?	
¿CUÁL ES EL RESULTADO?	

Una nota importante: aunque darte una desconexión emocional es importante, algunas actividades son peligrosas. Busca ayuda si te encuentras con que te estás involucrando en un consumo excesivo de drogas/fármacos o alcohol, te estás autolesionando o te estás implicando en comportamientos temerarios/peligrosos que te pongan a ti o a otros en peligro. Examina la sección «Recursos» al final de este libro para encontrar ayuda. Hay asistencia disponible.

CAPÍTULO 9

El enfado merece su propio capítulo

El enfado no tiene mucha atención positiva en nuestra cultura. De forma muy parecida al duelo o el dolor, se provoca un gran malestar: las dosis pequeñas de enfado están bien, pero debemos hacer que el enfado pase rápidamente, sin hacer mucho ruido.

Se supone que no tienes que estar enfadado. Independientemente de lo que haya sucedido, se supone que tienes que... estar tranquilo. No armes tanto escándalo. No tiene sentido que te enfades por algo que no puedes cambiar.

Pero estar enfadado es normal. Es una emoción humana sana.

El enfado merece ser escuchado: aquí, en este diario y ahí fuera, en tu vida.

Toda emoción es una respuesta a *algo*. El enfado es una respuesta frente a una sensación de injusticia. No importa si la «justicia» es lógica o si hay una razón por la que algo haya sucedido. Por supuesto que estás enfadado: lo que sea que haya sucedido es inaceptable y no parece justo.

Por supuesto que estás enfadado por las cosas raras y de poca ayuda que la gente dice. Que tengas «buenas intenciones» no significa que sus palabras no debieran molestarte.

Cuando te permites expresar enfado se trata, simplemente, de energía. Es información. En algunos casos, el enfado te proporciona la energía para afrontar lo que tienes que afrontar. Se convierte en un amor protector intenso: por ti mismo y por la persona que perdiste. Si se le muestra respeto y se le proporciona espacio, el enfado explica una historia de amor, conexión y añoranza.

No hay nada de malo en ello.

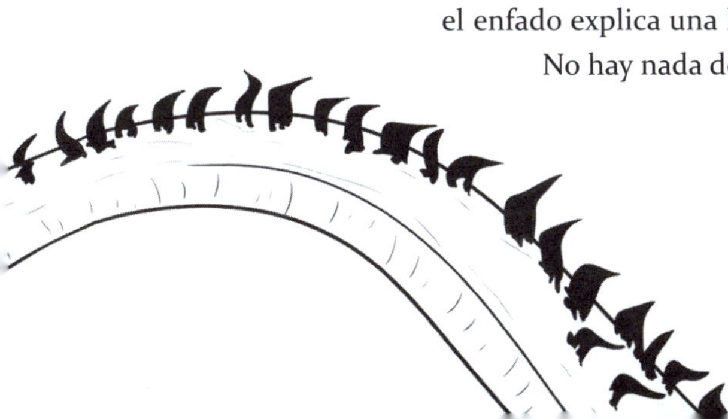

Cuando reprimimos y silenciamos el enfado, sofocamos la verdad y nuestra propia vitalidad: nuestra propia ferocidad por nosotros mismos y por aquellos que nos importan. Reunirte con tu enfado, honrarle y darle espacio: todas estas cosas son sanas. Dale voz a tu sentido de la injusticia y al enfado. Conecta con él, canalízalo. Forma parte de ti y merece espacio para existir.

CLARO QUE ESTÁS ENFADADO

Cuando está bien hablar sobre el enfado, éste tiene muchas cosas que decir. En el espacio que hay a continuación, tan rápidamente como sea posible y sin pensar demasiado, escribe: «Por supuesto que estoy enfadado».

Empieza por ahí y fíjate en qué viene a continuación. Escribe durante diez minutos o hasta que sientas que has acabado.

EL MEDIDOR DEL ENFADO

Como una relación sana con el enfado o la indignación supone un territorio nuevo para mucha gente, el simple hecho de reconocer tu propio nivel de enfado supone un paso en la dirección adecuada. Al igual que todas las emociones, la indignación tendrá fluctuaciones, cambiará y variará. Colorea el medidor del enfado que aparece a continuación con el nivel de enfado de hoy:

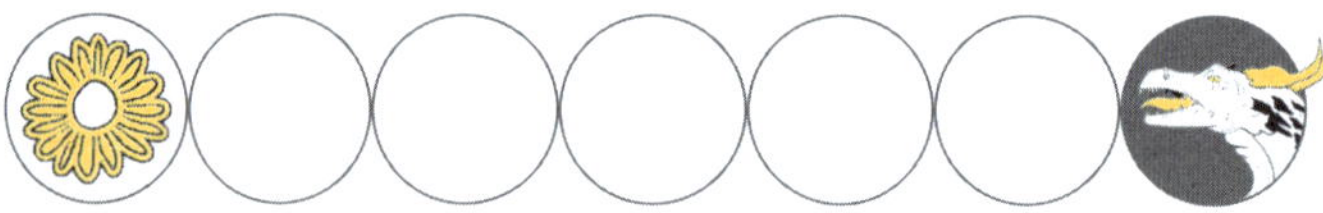

Mañana colorea este otro:

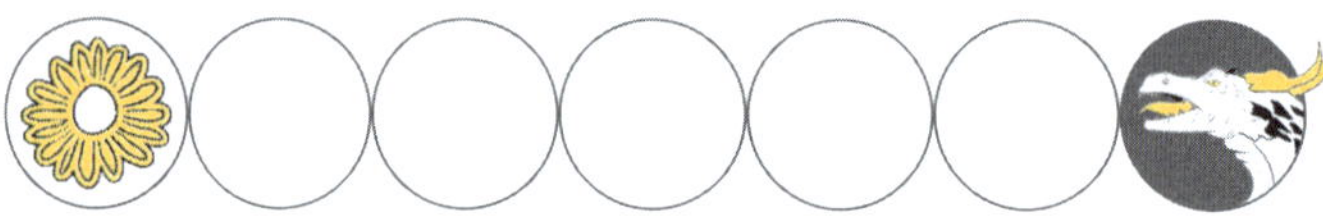

Crea tu propio medidor del enfado para ayudarte a mirarte en el espejo y hacer una introspección de forma regular. Llegar a conocer tu nivel de indignación es un gran lugar por el que comenzar una nueva relación con esta denostada emoción.

LOCALIZA TUS ÁREAS CONFLICTIVAS

El enfado se presenta de muchas formas. Lo que te saca de quicio puede ser distinto de lo que haga que otra persona se salga de sus casillas. Encontrarás algunas respuestas que irritan a muchas personas en el dibujo que aparece en la página siguiente. Tacha cualquiera que no te moleste y usa el espacio entre esas frases para añadir las tuyas propias. Puedes añadir frases que te hagan enfadar, o situaciones que sean inherentemente frustrantes, como ir a un tribunal o llamar a un servicio de atención al cliente.

Si todo esto hace que quieras lanzar este libro, ¡hazlo!
Simplemente apunta con cuidado para no romper nada.

Por lo menos le tuviste mientras le tuviste.

Todo sucede por alguna razón.

¡Deberías estar más agradecido!

Está en un lugar mejor.

UN LUGAR EN EL QUE ESTAR ENFADADO

¿Dónde está tu indignación hoy? ¿Está echando fuego al lado de dragones o está destrozando rocas al lado de un volcán? Puede que se trate de un demonio de Tasmania dando vueltas como un torbellino por las llanuras abiertas. Quizás sólo haya salido a correr, trasmitiendo su furia con sus pasos fuertes sobre la tierra. Colorea la escena que aparece en estas páginas. Añádete allá donde quisieras estar hoy, haciendo lo que sea que quieras con tu enfado.

COSAS QUE HACER CON EL ENFADO

Hay muchas formas de expresar tu enfado o indignación. Aquí tenemos sólo algunos ejemplos:

Golpea cosas (pese a ello, la seguridad es lo primero)
Crea música discordante (o escúchala)
Pinta (cosas grandes o pequeñas, desordenadas o detalladas)
Haz ejercicio (mueve esa energía)
Levanta pesas
Descárgate con un amigo
Inicia un movimiento
Álzate en defensa de alguien
Álzate en tu propia defensa

Simplemente haz algo con tu enfado en lugar de intentar reprimirlo. Es mucho más probable que uses tu enfado hábilmente si reconoces su derecho a existir.

Elabora, a continuación, una lista de cosas constructivas que podrías hacer con tu enfado.

Cosas que hacer cuando esté enfadado

LA SEGURIDAD ES LO PRIMERO

Ponerte en contacto con tu enfado puede ser amedrentador. Si parece demasiado grande, apóyate en un amigo de confianza o en un terapeuta. No pasa nada por preguntarle a la gente si está dispuesta a escuchar tu enfado sobre una situación. Hacerlo le permite poder elegir. Si te dice que sí, estará preparada para escucharte de verdad, y sabrás que está dispuesta a escuchar tu indignación sin intentar meterte prisa para que la abandones.

Emplea el espacio que hay a continuación para hacer una lista de las personas que podrían escuchar tu enfado y los lugares que podrían parecer seguros para que expreses tu indignación.

¿QUÉ HAY DE LA RABIA?

La rabia o ira es algo distinta al enfado o la indignación. La rabia es lo que puede suceder cuando la indignación es negada o silenciada durante demasiado tiempo. Es violenta y destructiva. Ésa es la razón por la cual es tan importante dar voz a tu enfado: usarlo habilidosamente en lugar de dejar que tire el mundo abajo.

El enfado es una emoción complicada. No hablamos mucho de él, lo que significa que frecuentemente debe alcanzar unas cotas *realmente* elevadas para transmitir su mensaje. Rellena el juramento del enfado que aparece a continuación para que te ayude a saber cómo honrar, respetar y canalizar tu indignación.

El juramento del enfado

Yo, ______________________________,

juro por la presente, honrar mi indignación como fuente fiable de información. Me permite saber cuándo siento que me han tratado injustamente y cuándo mis límites se han visto superados. Mi enfado merece respeto y espacio para expresarse.

A partir de hoy, expresaré y canalizaré mi enfado mediante lo siguiente:

____

____

____

____

Emplearé mi indignación para ayudar a alimentar o crear:

____

____

____

____

Prometo usar mi enfado con una habilidad creciente mientras llego a conocerlo, y también a mí mismo, mejor.

FIRMADO EL _____ (DÍA) DE ______________ (MES), DEL AÑO _________.

____

FIRMA AQUÍ

CAPÍTULO 10

La perspectiva privilegiada

Vivir con el duelo no es fácil. Aunque puede que buena parte de tu foco se centre en sobrevivir cada día, es importante tomar nota del progreso que has conseguido. Tomarte tiempo para reconocer tu avance y para recordarte lo que es importante hace que el dolor sea soportable.

Tu dolor merece tu honestidad y tus cuidados amables, compasivos y sencillos. Tómate una pausa de tu exploración del enfado para colorear la imagen que aparece a continuación, y luego reflexiona sobre tu entorno una vez más.

UNA PARADA

Tómate unos momentos para mirar atrás con respecto al trabajo que has llevado a cabo hasta el momento en este libro (no te preocupes si no lo has completado todo. Ese libro no es un examen y estos ejercicios no son unos deberes. Simplemente fíjate en qué has completado y no hagas hincapié en lo que no has completado).

¿Ha surgido algo o ha habido algo que haya quedado claro y que no hubieras visto antes?

¿Qué has aprendido sobre ti mismo o sobre tu dolor? ¿Te ha sorprendido algo?

Programa un temporizador y responde a estas preguntas en el espacio que hay a continuación. Si te quedas atascado o necesitas un lugar por el que empezar, intenta escribir: «No pensaba que esto fuera a ser tan duro», o «No sabía que necesitaba...» o, «Pensaba que encontraría...».

Si te quedas atascado de verdad, intenta escribir: «No sabía...» y completa el final de la frase una y otra vez: tantas veces como lo necesites.

PEQUEÑAS TARJETAS PARA MÍ

Permanecer con los pies en la tierra cuando estás de duelo puede ser complicado. Las grandes emociones, una oleada de recuerdos, los encuentros irritantes: todos ellos pueden desequilibrarte. Usando las tarjetas que aparecen a continuación, escribe recordatorios para ti sobre lo que es importante y acerca de lo que quieras recordar en momentos de adversidad y dificultad. También puedes incluir citas que encuentres importantes.

Marca esta página para poder acceder a ella fácilmente. También puedes retirar esta página cortándola por la línea de puntos para luego recortar las tarjetas, de modo que puedas llevarlas contigo o colocarlas en lugares estratégicos, como, por ejemplo, en el espejo de tu baño o en tu coche: allá donde puedas encontrarte con que necesites un pequeño empujón.

LOS LÍMITES (TAMBIÉN CONOCIDOS COMO CÍRCULOS DE PROTECCIÓN) SON NUESTROS AMIGOS

El dolor puede hacerte sentir poroso: como si todo te afectase (y no de una buena manera). Los buenos límites (emocionales, físicos y relacionales) te ayudan a aportar una sensación de control sobre tu propia experiencia. Imagínate dentro del círculo que aparece a continuación. Dibuja o anota las cosas que te ayudan a centrarte (o a que, por lo menos, no estés alterado). En el espacio que hay fuera del círculo, dibuja o anota las cosas que te desequilibran. Puedes, por ejemplo, fuera del círculo, añadir «exploración *online* interminable» o «los interrogatorios invasivos de mi vecino». En el interior puedes añadir «tiempo en plena naturaleza» o «pódcast sobre la creatividad».

DEMASIADO CONCRETAS PARA SER ALEATORIAS: SOBRE LAS SEÑALES Y LAS SINCRONICIDADES

Una canción en el momento oportuno, la aparición de pájaros o corazones, o mensajes repentinos, cosas que aparecen justo cuando estabas pensando en buscarlas: casi todo el mundo tiene un relato sobre algo que sucedió durante su duelo que parecía una señal.

Frecuentemente no hablamos sobre estas cosas. Estos sucesos son el tipo de cosas que compartimos a escondidas, con cuidado, con descargos de responsabilidad y explicaciones y promesas de que no creemos realmente en las señales, porque no somos extravagantes.

Nadie quiere que le consideren extravagante.

Si estas cosas «demasiado concretas para ser aleatorias» son simplemente nuestro cerebro estableciendo conexiones (lo que es completamente genial en sí) o si apuntan a un misterio mayor más allá de que lo que vemos, no importa. Lo que importa es el consuelo o la conexión que extraigas de ellas.

Usa esta página para anotar tu propio conjunto de señales, sueños y sincronicidades que son demasiado concretas como para ser aleatorias.

Una señal sólo es una señal si la escoges tú mismo:
nadie más decide qué tiene importancia para ti.

ACTIVIDAD EXTRADIVERTIDA: SÉ UN AGENTE DE LA SINCRONICIDAD

¿Quién dejó ese gran corazón dibujado en la arena para que tú lo encontraras? ¿Cómo llego esta nota de «Te quiero» al espejo del baño de la cafetería? Ciertamente, estaban pensados totalmente para ti, pero ¿cómo llegaron hasta ahí?

Propagar pequeñas notas de amor es una forma en la que puedes generar una pequeña chispa de magia y conexión para otra persona. Usa esta página para llevar a cabo una lluvia de ideas sobre formas creativas en las que puedes generar mensajes para que otros los encuentren justo y precisamente cuando los necesiten.

Si quieres compartir tus momentos como agente secreto, haz fotos y compártelas en las redes sociales con el *hashtag* o etiqueta #tooprecisetoberandom (#demasiadoconcretoparaseraleatorio).

CAPÍTULO 11

El beneficio principal

Hay dones que llegan con el duelo, dones que llegan con estar íntimamente familiarizado con la pérdida. Sin embargo, eso no significa que sea un trato justo: tu vida anterior a cambio de los dones que ahora posees.

Quizás ahora tengas menos tolerancia a las tonterías. Puede que hayas eliminado de tu vida cosas a las que tendrías que haber dado la patada hace mucho tiempo. Quizás te sientas intrépido o asertivo, porque lo peor ya ha pasado y tú te sientes un poco invencible. Puede que la vida te parezca más intensa, y no de formas completamente negativas. Quizás sí veas más amor en el mundo a través de tu nueva mirada teñida por el duelo.

Pese a que cambiarías todos estos dones simplemente para recuperar tu vida, el duelo no es todo un volquete lleno de fatalidad.

Ese capítulo te permite explorar los dones del duelo sin la presión de renunciar a tu duelo para reclamarlos.

EL DECIMOTERCER INVITADO

El número trece es de mal agüero en la cultura occidental. El viernes y trece (o el martes y trece, según el país) se considera que da mala suerte. Algunos edificios se saltan el piso trece, pasando del decimosegundo al decimocuarto (como si se pudiera evitar algo desagradable saltándose un número). El miedo al número trece tiene su propia etiqueta psiquiátrica polisilábica: triscaidecafobia.

Incluso los cuentos de hadas extienden el sesgo contrario al número trece. En el cuento de *La bella durmiente* original (al que los hermanos Grimm titularon *Rosita de espino),* el rey y la reina sólo tenían doce platos de oro, pero había trece hadas. En lugar de buscar un plato adicional decidieron excluir a una de las hadas. Renarraciones posteriores del cuento convirtieron a la decimotercera hada en una bruja malvada, y su naturaleza inaceptable fue la razón de que no fuera invitada.

Ese tema de la vieja bruja fea aparece en un cuento tras otro: a veces es una bruja, en ocasiones una madrastra malvada y a veces una invitada no deseada. Independientemente de cómo se la llame, el efecto es el mismo: su presencia hace que los demás se sientan incómodos.

Nunca conseguirá un lugar en la lista de invitados.

Pero en muchos de los relatos, la vieja bruja aparece en la fiesta de todas formas.

Llega, como la decimotercera invitada, trayendo consigo una bendición incómoda, o algún tipo de regalo inquietante. Con bastante frecuencia, el regalo que trae tiene algo que ver con la muerte.

Es importante señalar que la decimotercera invitada no provoca la muerte, sino que simplemente se siente cómodo con ella. No teme revelar su conocimiento sobre cosas que otras personas intentan evitar.

No es de extrañar que no esté invitada.

Cuando vives dentro de un dolor profundo, eres conscientemente consciente de la presencia oscura que traes contigo a los entornos sociales. Puede que te encuentres, convenientemente, no invitado a la barbacoa vecinal, o que te dejen fuera de la lista de invitados a la boda de tu amigo. Nadie quiere que un recordatorio de la muerte aparezca en su evento. ¿Quién quiere pensar en la muerte o en la enfermedad cuando se está intentando celebrar una fiesta?

O quizás te hayas sentido cohibido por tu efecto sobre los demás y hayas decidido excluirte en primer lugar. Después de todo, no tienes nada de lo que hablar sino de la muerte y el dolor. No tienes más temas. No te sientes muy festivo.

Sea como fuere, cuando estás afligido puede que resulte difícil sentirte bienvenido en cualquier lugar.

¿Te puedes imaginar en el cuento de hadas? ¿Eres el anciano sabio que trae un regalo incómodo a la fiesta? ¿Cómo te ve la gente que hay a tu alrededor? ¿Está asustada, es supersticiosa, se siente incómoda? ¿Pones un pretexto para no ir a la fiesta en lugar de aportar lo que sabes?

En el espacio que hay a continuación, escribe sobre ti como el decimotercer invitado.

TARJETA GRATIS PARA SALIR DE LA CÁRCEL (SOCIAL)

Cuando te invitan a un evento social, eso puede seguir pareciéndote raro: no quieres estar solo, pero en realidad tampoco quieres estar rodeado de gente «normal». Si te está costando responder a una invitación, puede que una de estas tarjetas sea de ayuda. Recórtalas y distribúyelas según sea necesario (especialmente cuando un poco de humor negro o sarcasmo parezca adecuado). Personaliza las tarjetas en blanco para que se adecúen a la ocasión.

MIS NUEVOS CONOCIMIENTOS

Aunque una pérdida intensa no es un prerrequisito para la sabiduría en la vida, algunas cosas quedan muy resaltadas en el duelo. Quizás sientas más empatía por los demás. Puede que manifiestes tus límites más claramente que antes de tu pérdida. Puede que tu pérdida haya aportado nuevos conocimientos a las relaciones o nuevas percepciones en cuanto al estado del mundo.

¿Qué has aprendido como resultado de tu pérdida? Enumera lo que has obtenido a continuación.

LO QUE SÉ AHORA

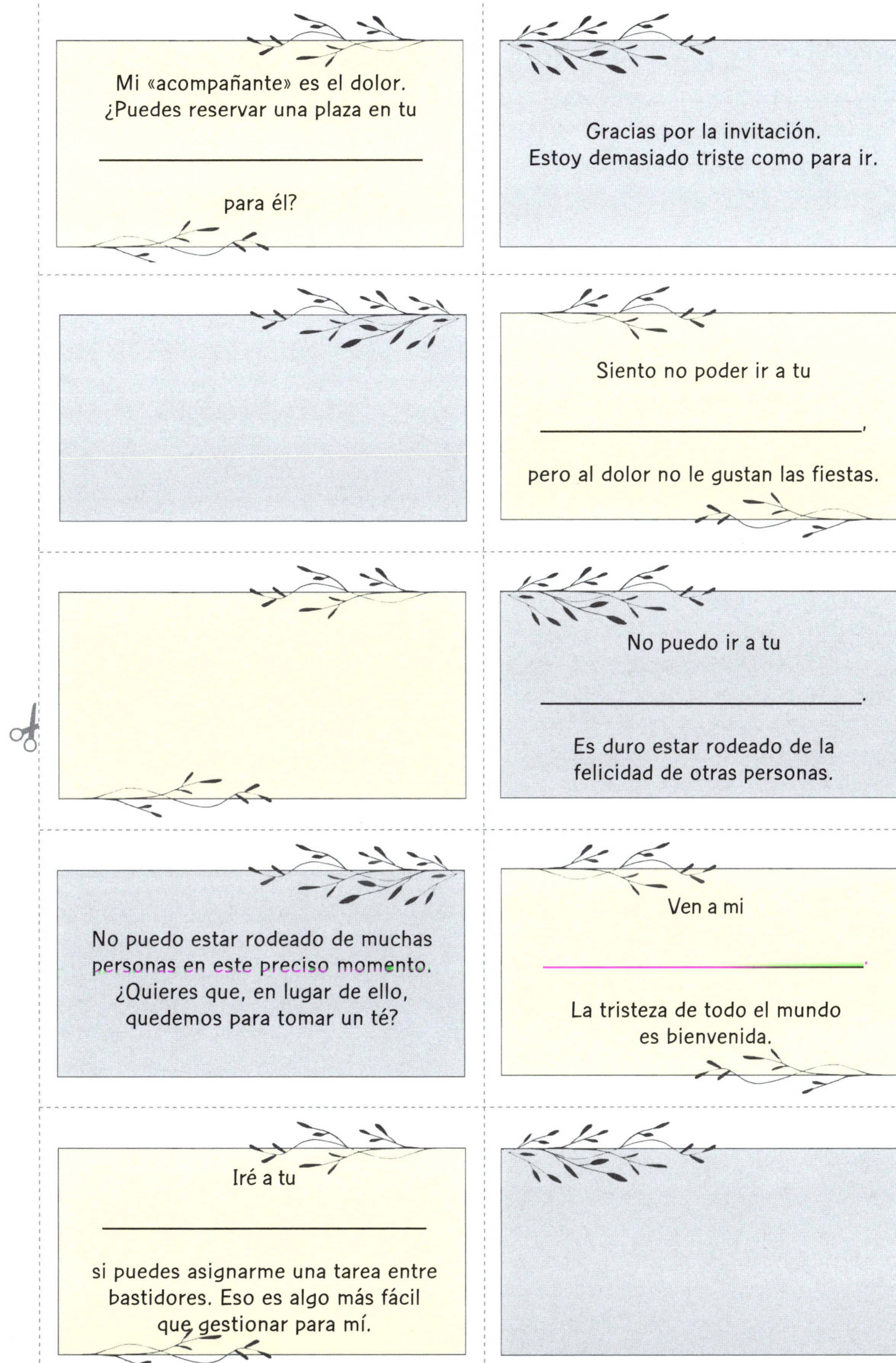
Mi «acompañante» es el dolor.
¿Puedes reservar una plaza en tu

____

para él?

Gracias por la invitación.
Estoy demasiado triste como para ir.

Siento no poder ir a tu

______________________________,

pero al dolor no le gustan las fiestas.

No puedo ir a tu

______________________________.

Es duro estar rodeado de la
felicidad de otras personas.

No puedo estar rodeado de muchas
personas en este preciso momento.
¿Quieres que, en lugar de ello,
quedemos para tomar un té?

Ven a mi

______________________________.

La tristeza de todo el mundo
es bienvenida.

Iré a tu

____

si puedes asignarme una tarea entre
bastidores. Eso es algo más fácil
que gestionar para mí.

@refugeingrief
@refugeingrief
@refugeingrief
@refugeingrief
@refugeingrief
@refugeingrief
@refugeingrief
@refugeingrief
@refugeingrief
@refugeingrief

EL MEJOR REGALO QUE NO PEDISTE

Escoge uno de los dones o nuevos conocimientos de tu lista en la página 114 (o elige algo completamente distinto). En el espacio que hay a continuación, dibuja o haz un *collage* de una imagen que represente este don o conocimiento. ¿Qué «beneficio principal» llevas contigo?

Cuando parezca que el resto del mundo se siente incómodo con quién eres
y con lo que representas, mantén esta imagen en tu mente.
Llevas contigo dones necesarios y poderosos.

PARTE 3

EL REGRESO

CAPÍTULO 12

No quiero regresar a la «normalidad»

La pérdida se integra, no se supera.

Toda la idea de mejorar (o incluso de integrar tu pérdida) puede parecer ofensiva, especialmente al principio del duelo. Para mucha gente, su dolor es la conexión más vital con aquello que ha perdido. Mejorar podría significar que la persona que perdiste o la vida que ya no lograrás vivir ya no es tan importante. Si puedes, sencillamente, seguir adelante con tu vida, ¿es que tu vida antes de la pérdida no fue tan especial?

Usa este espacio para anotar tus miedos relativos a «seguir adelante». Si no estás seguro sobre por dónde empezar, prueba a comenzar con «Si "mejoro", ¿significa eso perderte de nuevo?».

LA SUPERVIVENCIA Y EL PASO DEL TIEMPO

El dicho «El tiempo lo cura todo» es completamente erróneo. Bueno..., es impreciso. El paso del tiempo no va a arreglar nada. Lo que hará, simplemente y por su mismísima naturaleza, es suavizar las aristas de la pérdida. Suavizará, pero no borrará.

Programa un temporizador para escribir. Examina, durante diez minutos, tu respuesta a una de las siguientes preguntas:

¿Te preocupa que el tiempo haga que tu pérdida se esfume en segundo plano, como si fuera un sueño lejano que nunca hubiera existido?

Si has tenido momentos de sentir como si pudieras sobrevivir a tu pérdida, ¿te asustaron?

A veces, el dolor hace que el tiempo parezca que se ha congelado. Si te parece como si el tiempo hubiera empezado a moverse de nuevo para ti, ¿qué aspecto ha tenido eso?

Si te gustaría disponer de una forma distinta de implicarte con el asunto del tiempo, inicia tu escrito con: «El tiempo no puede borrarte...».

LA PÉRDIDA DE CONFIANZA EN EL MUNDO

Algunas pérdidas reordenan el mundo. Quizás, y sencillamente, ya no creas que suceden cosas buenas, o que las cosas acaben saliendo bien al final. Perder tu convicción en los resultados positivos es una pérdida secundaria enorme. No puedes dejar de saber lo que sabes, y no puedes dejar de ver lo que has visto.

Rellena las señales con convicciones en las que ya no creas.

EL ICEBERG DEL DOLOR

Frecuentemente nos ponemos nuestro rostro «público» cuando salimos de casa, escondiendo nuestro dolor privado tras una máscara de «Estoy bien, gracias». La mayor parte de nuestro dolor permanece oculta ante la esfera pública. Hay muchas cosas que no decimos.

Si le pudieras decir algo a la gente, decirle lo que es verdad sobre el dolor, el amor y la pérdida, algo que no sepa o que no pueda saber, ¿qué sería? ¿Qué dirías si le pudieras explicar la verdad?

Puedes empezar con «Lo que no sabes...», o «Lo que no se ve...», o incluso «Por supuesto que he cambiado». Programa un temporizador y escribe tu respuesta.

PROTEGER A LOS DEMÁS

> **ANTONIO** ¿No te vas a quedar más rato? ¿Tampoco quieres que vaya contigo?
>
> **SEBASTIAN** Con tu paciencia, no. Mis estrellas brillan con pesimismo sobre mí. La malignidad de mi destino podría, quizás, destemplar el tuyo. Por lo tanto, te rogaré que te marches para que así pueda soportar mis males solo. Sería una mala recompensa, por el amor que me tienes, cargarte con cualquiera de ellos.
>
> William Shakespeare, ***Noche de reyes***

Cuando tus propias estrellas están brillando con pesimismo sobre ti, ¿te vuelves hacia la soledad o te arriesgas a compartir tus tinieblas con los demás? ¿Has intentado proteger a otras personas de tu dolor? ¿Las has escudado, debido al amor y la preocupación, en aras de su bienestar?

¿Necesita la gente ser protegida de la realidad que vives? Programa un temporizador y escribe tu respuesta.

EL ÁRBOL GENEALÓGICO DEL DUELO

> «Uno de nosotros, sencillamente medio en broma, dijo que éste sería un lugar en el que nosotras, medusas, podríamos quitarnos el sombrero, y que a ninguna le preocuparía ver todas las serpientes. Porque no sólo podemos soportar vernos las unas a la otras, sino que lo anhelamos».
>
> Kate Inglis, glowinthewoods.com

Hay una gran división entre tú y el mundo exterior. Aunque puede que la división no sea siempre muy clara, está ahí ahora; y es ahora cuando necesitas a otros dolientes: personas que puedan mirarte y ver de verdad, reconocer de veras, la devastación en el núcleo de tu vida. Ser visto cambia algo en el duelo. Ayuda. Puede que sea la única cosa que haga.

Dibuja un árbol genealógico de la gente que has encontrado dentro de tu dolor, anotando lo que te aporta y lo que tú le aportas. Recuerda incluir también a tus amigos virtuales.

El compañerismo en el interior de la pérdida es uno de los mejores indicadores no de la recuperación, sino de la supervivencia. Nos necesitamos los unos a los otros.

LA CARTA DE DERECHOS DEL DOLIENTE

Las relaciones personales pueden torcerse en el duelo. Para ayudarte a abrirte camino por ellas, aquí tenemos un manifiesto de derechos relacionales:

Tienes derecho al compañerismo.
Tienes derecho a la soledad.
Tienes derecho a decirle a la gente qué es de utilidad y qué no.
Tienes derecho a hacer que los demás se sientan incómodos.
Tienes derecho a decir la verdad.
Tienes derecho a rechazar todos los consejos no solicitados.
Tienes derecho a tomar decisiones basándote en tus propias necesidades y las de aquéllos más cercanos a ti.
Tienes derecho a decir no.
Tienes derecho a decir sí.
Tienes derecho a pedir ayuda.
Tienes derecho a guardarte la información personal.
Tienes derecho a honrar a quien o a lo que has perdido.
Tienes derecho a reivindicar tu propio significado o sentido.
Tienes derecho a la tristeza.
Tienes derecho a la paz de ser.
Tienes derecho a no ser una «inspiración para los demás».
Tienes derecho a afirmar que las cosas son horribles (o maravillosas) y a que no te lo discutan.
Tienes derecho a tomarte descansos (de tus sentimientos y de la gente).
Tienes derecho a cambiar.
Tienes derecho a sentirte en conflicto.

Ahora es tu turno. Crea un manifiesto personalizado de derechos relacionales en el espacio que te proporciona la página siguiente. Dale un aspecto estiloso. Haz que sea impresionante. Haz una foto y guárdala en tu teléfono móvil. Puede ser de especial ayuda que revises tu manifiesto después de haber tenido una interacción humana no muy provechosa.

CAPÍTULO 13

Tu duelo, a tu manera

El dolor no es un programa de iluminación para unos pocos elegidos. Nadie necesita una pérdida intensa y que te cambie la vida para convertirse en quien «se supone» que debía ser. De esa forma, la vida no es causal: debes convertirte en algo, por lo que la vida te arroja una experiencia horrible para hacer que eso suceda. Por el contrario, la vida es llamada y respuesta. Respondemos a lo que experimentamos, y eso no es ni bueno ni malo, sino que simplemente es así. La vía de progreso es la integración, no la mejora.

Hay pérdidas que reorganizan el mundo. Muertes que cambian la forma en la que lo ves todo. Duelos que lo derriban todo. Dolores que te transportan a un universo completamente distinto, incluso mientras todos los demás piensan que, en realidad, nada ha cambiado.

No necesitabas esta pérdida para aprender lo que es de verdad importante en la vida. No has perdido esto simplemente para que algo «más adecuado para ti» pueda surgir. El trabajo de transformación no se aplica aquí. Simplemente no puedes... actuar de forma positiva, encontrarle sentido y animarte.

No *necesitabas* esto. No tienes que crecer a partir de ello y no tienes que dejarlo atrás. Ambas respuestas son demasiado limitadas y deshonrosas como para ser de utilidad. Los sucesos que nos cambian la vida no se esfuman silenciosamente sin más y tampoco son reparaciones por errores pasados. Nos cambian. Forman parte de nuestros cimientos mientras avanzamos por la vida. Lo que construyas encima de esta pérdida puede suponer crecimiento. Puede que se trate de un gesto hacia una mayor belleza, más amor, más plenitud; pero eso se debe a tus decisiones, a tu propio alineamiento con quién eres y con quién quieres ser, y no se debe a que tu dolor sea tu billete sólo de ida para convertirte en una mejor persona.

Cuando decides encontrar sentido o crecimiento en tu pérdida, eso supone un acto de soberanía personal y autoconocimiento. Cuando otra persona asigna crecimiento o sentido a tu pérdida, reduce tu poder, humilla o juzga sutilmente quién fuiste antes y te dice que, de algún modo, necesitabas esto.

SOBRE LA SOBERANÍA

La soberanía es el pleno derecho y poder que un órgano de gobierno tiene sobre sí mismo, sin ninguna interferencia por parte de fuentes u órganos externos. Tienes soberanía dentro de tu propio dolor.

Soberanía significa reclamar tu derecho a ser tú mismo, incluso si eso molesta a otros. La soberanía es el derecho a decidir qué tiene sentido y qué te aporta consuelo. Sólo *tú* tienes que vivir esto, y sólo *tú* tienes derecho a decidir lo que necesitas.

En el espacio que hay a continuación, escribe durante diez minutos o hasta que sientas que has acabado. Empieza con «Sólo yo tengo derecho...».

NO HAY MÁS VERDAD QUE LA TUYA

Ya sabes que la gente dice cosas como «A él no le gustaría que estuvieses triste». Siempre tengo ganas de contestar: «Lo que es seguro es que le gustaría que dijese la verdad y que no mintiera sobre cómo me siento».

Decir la verdad es algo poderoso, incluso aunque contradiga las opiniones de otra persona. A veces, reclamar tu derecho a decir la verdad parece necesario. Reclamar ese derecho empieza por decir NO.

El «No» es importante.

El «No» es un rechazo a todo lo que no es verdad, a todo lo que no es real.

Decir «No» es como proyectar un círculo de protección alrededor de lo que es más cierto, reclamándolo como tuyo.

Hay un foco muy grande puesto, por lo menos desde el exterior, en encontrar belleza en el duelo o en encontrar un pedacito de positividad a la que aferrarse. Si no estás intentando alcanzar la felicidad, la gente cree no lo estás intentando con la suficiente intensidad. En realidad, no se te permite decir lo que es verdad sin que alguien intervenga para decir que no deberías sentirte así.

Decir «No» es importante. Decir la verdad es importante. No hay más verdad que la tuya.

Para jugar tanto con el «No» como con el concepto de tu propia soberanía dentro del dolor, programa un temporizador y empieza a escribir con la frase «No hay más verdad que la mía...».

Permite que tu respuesta llene estas páginas.

FUERZA, NO SACARINA

Todo un equipo de animadoras diciéndote lo fuerte que eres no es algo extremadamente útil. Ser fuerte es frecuentemente un código para no permitir que tu pérdida te afecte, o para mantener el temple. «Sé fuerte» es algo raro que decir a una persona que está de duelo.

Pero necesitas fortaleza: fortaleza para sobrevivir otro día en el que desearías dejar de despertarte. Fortaleza para mantener tu mirada puesta en el amor que queda en lugar de diluirte en la amargura o el odio. Cuando tú citas tus fortalezas, consigues elegir la forma en la que estas fortalezas se aplican y qué significan.

Usa esta página y la página siguiente para hacer un dibujo o un *collage* de tus fortalezas. ¿Qué llevas contigo en tu dolor que te ayude a sobrevivir?

SER AGRADECIDO

La gratitud es otra de estas cosas que la gente externa a tu dolor tiende a usar como arma.

> *¡Deja de estar tan triste! Tienes dos hijos más. Debes sentirte agradecido por tenerlos.*

> U, *Otras personas del mundo tienen que enfrentarse a la guerra o cualquier otro tipo de violencia además de a su dolor. ¡Algunas personas que están en duelo ni siquiera tienen ya un lugar en el que vivir! ¡Sé agradecido por tener lo que tienes!*

> O, *Deberías estar agradecido. Por lo menos disfrutaste de un amor así. Algunas personas nunca llegan a experimentarlo.*

Usada así, la gratitud no es más que humillación vestida con unos ropajes de santurrón.

Que otras personas lo estén pasando peor no significa que tú no tengas derecho a sentir dolor. Que ames y valores a la gente que sigues teniendo en tu vida no hace que esté bien que alguien importante te falte.

Al igual que la belleza y el sentido o el significado, la gratitud es una compañera dentro del dolor, no su solución. Emplea el espacio de la página siguiente para exponer las cosas por las que estás agradecido... con tus propias palabras.

Si consideras a la gratitud como una compañera,
¿cómo cambia eso la forma en la que te sientes por reclamarla?

UNOS OJOS MÁS AMABLES

A veces el juicio es un trabajo interno.

¡Fíjate en tus bolsas en los ojos! ¡Y en todas esas arrugas! El dolor te ha envejecido. Sabes que todo esto sería mucho más fácil si simplemente comieses mejor y fueses al gimnasio. ¡¿Cómo puedes dormir todo el día?! ¡A la persona que perdiste le encantaría disfrutar de un día así, y aquí estás tú, perdiéndolo!

¡Hala!

Eres muy duro contigo mismo, humillándote por no acertar con el duelo. La mayoría de la gente es más dura consigo misma de lo que le permitiría serlo a ninguna otra persona. Como estamos acabando un capítulo sobre reclamar la verdad para ti mismo y honrando tus fortalezas, probemos una cosa más. No va a ser fácil.

En la página siguiente, pega una foto tuya o dibuja tu retrato.

Etiqueta las partes de tu rostro, tu cuerpo y tu mente *como si fueras alguien a quien quieres*.

En lugar de etiquetar las arrugas alrededor de tus ojos como cosas horrorosas y feas que muestran lo triste que estás, puedes dibujar una flecha y escribir «arrugas duramente ganadas que canalizan las lágrimas que me salen de los ojos para que así puedan seguir fluyendo». En el caso de una etiqueta que apunte a tu cabeza, podrías escribir «un cerebro inteligente haciendo horas extra para intentar encontrarle sentido a todo esto».

Cuando (y no *si*) te quedes atascado, pregúntate: «¿Qué vería si me mirase con unos ojos más amables?».

CAPÍTULO 14

Esquivar los malos apoyos

Incluso aunque tengan la mejor de las intenciones, el «respaldo» de otras personas puede parecer de todo menos alentador. Los tópicos y los ánimos proceden de todas las direcciones. Los comentarios groseros, insensibles y despectivos son, lamentablemente, la norma. La mayoría de la gente no pretende ser cruel, sino que simplemente no ha aprendido formas mejores de ser alentadora.

Pero el simple hecho de que la gente no sepa hacerlo mejor no significa que tengas que esbozar una sonrisa y tolerarlo.

Los ejercicios que aparecen en este capítulo te animan a expresar tu sarcasmo interior relativo a toda esa ayuda de escasa utilidad y te proporcionan herramientas para ayudarte a aclarar y poner en vigor tus límites con la gente que no lo capta (o no quiere captarlo).

UNA NOTA SOBRE SER AGRADABLE

No arremetemos contra la gente cuando dice cosas insensibles. No señalamos lo poco útil o lo malvado que es algo, aunque sea inequívocamente grosero. ¿Por qué? Porque estamos siendo «agradables».

La palaba «agradable» tiene una historia.

«Agradable» (en inglés *nice)* tiene sus raíces en el francés del siglo XII y el latín y significa «necio» e «ignorante»: literalmente alguien «sin conocimiento». Ser agradable significa no decir lo que sabes que es verdad, porque la verdad podría alterar el orden social. Ser agradable significa que te silencias en lugar de hacer que los demás se sientan incómodos. Ser agradable significa que los comentarios groseros te resbalen, de modo que la persona grosera no tenga que sentirse mal por su comentario.

Programa un temporizador y escribe tu respuesta a estas dos preguntas:

¿Qué gano siendo agradable?
¿Qué pierdo siendo agradable?

Puedes ser amable, pero no tienes por qué ser agradable.

¿ESTÁS ATASCADO?

Frecuentemente me preguntan qué hacer cuando un amigo o un familiar parece estar «atascado» en su dolor. Mi respuesta siempre es la misma: «¿Qué aspecto tendría para ti "no estar atascado"? ¿Cuáles son tus expectativas?». Para la mayoría de la gente, «no estar atascado» significa que el individuo ha regresado al trabajo, ha recuperado su sentido del humor, asiste a eventos sociales, no llora cada día, ha retirado todas las fotos de esa persona y es capaz de hablar de cosas distintas a su pérdida o su dolor. Parece... feliz de nuevo.

Pensamos que «feliz» equivale a «sano», como si la felicidad fuese el punto de referencia, la norma a la que se adaptan todas las cosas cuando vivimos como deberíamos. En pocas palabras, «volver a la normalidad» es lo contrario a «estar atascado», y regresar a la normalidad (feliz) debería darse rápidamente.

Cuando piensas en el dolor como en una experiencia de la que ocuparte y no como un problema que debe resolverse, quedarse «atascado» en el dolor puede tener un aspecto muy diferente.

Pinta, haz un *collage* o escribe en esta página el aspecto que tiene para la gente que hay a tu alrededor «estar atascado en el dolor». Pinta, haz un *collage* o escribe en la página siguiente el aspecto que tendría para ti.

LA COMPROBACIÓN DE LOS TÓPICOS

¿No estás seguro de si lo que alguien ha dicho debería, en realidad, parecer tan inapropiado como parece? Intenta someterlo a la «comprobación de los tópicos» que aparece a continuación. Escribe su afirmación en uno de los espacios en blanco y fíjate en cómo suena con la segunda mitad de la frase.

Por lo menos le tuviste mientras le tuviste... así que deja de sentirte tan triste.
Ahora está en un lugar mejor...así que deja de sentirte tan triste.
Ahora verás lo fuerte que eres realmente... así que deja de sentirte tan triste.
No estaba destinado a suceder... así que deja de sentirte tan triste.

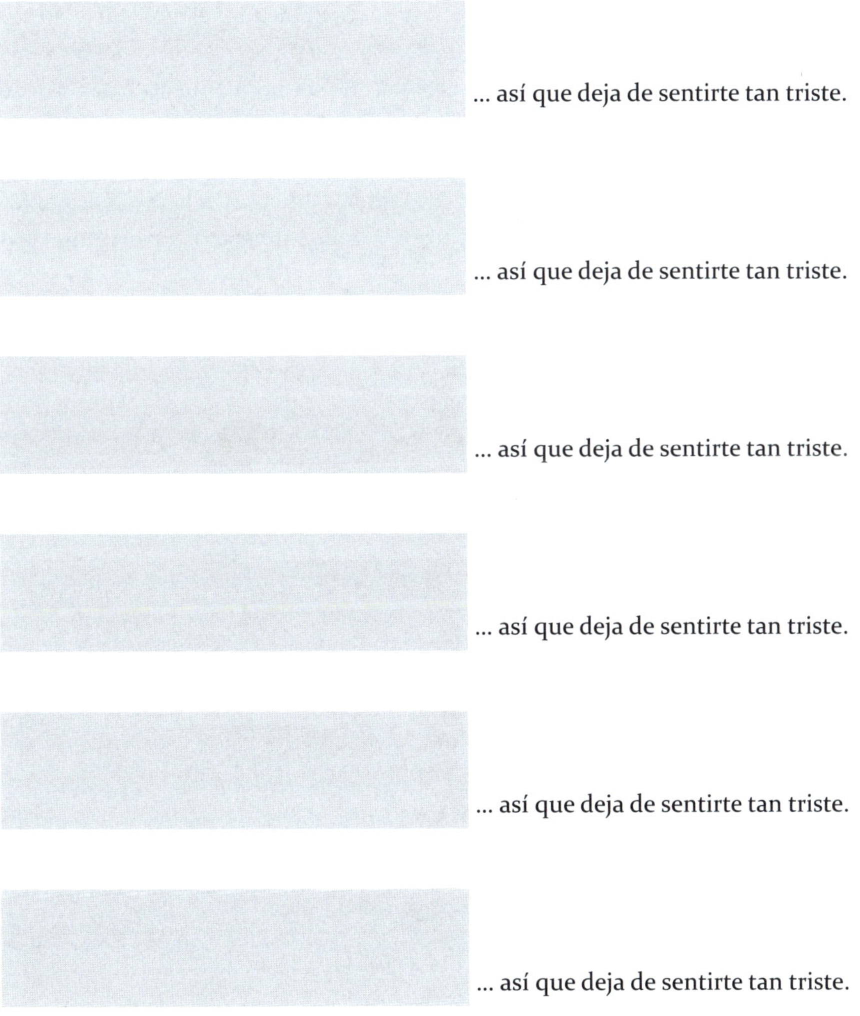

... así que deja de sentirte tan triste.

... así que deja de sentirte tan triste.

... así que deja de sentirte tan triste.

... así que deja de sentirte tan triste.

... así que deja de sentirte tan triste.

... así que deja de sentirte tan triste.

LA MÉTRICA DEL VÓMITO

¿Tienes que tomar una decisión? ¿Cuándo deberías hacer limpieza de su armario? ¿Deberías actuar o quedarte quieto? ¿Cambiar de trabajo, iniciar una relación, guardar sus fotos, dejar de llevar tus anillos? Hay tantos consejos y opiniones no solicitados flotando por el mundo del dolor que es fácil perder la pista de lo que de verdad quieres para ti.

La ansiedad de otras personas no debería forzarte a tomar decisiones que no estés preparado para tomar. No le sucederá ningún desastre a nadie si no permites que algo te influya o que no se ponga de manifiesto en una cierta situación (independientemente de lo ansioso que esto haga que alguien se ponga).

La «métrica del vómito» es una herramienta genial para tomar decisiones: si la idea de hacer algo te hace sentir enfermo, entonces ahora no es el momento. No hay nada demasiado precoz ni excesivamente tardío cuando se trata de tu dolor. Harás lo que tengas que hacer cuando necesites hacerlo: ni un momento antes. Puede que nunca te parezca bien, pero si te hace sentir enfermo, el momento no es éste.

Ordena las decisiones que tengas que tomar (o que sientas que se *supone* que tengas que tomar) usando la métrica del vómito. ¿Qué cosas te hacen sentir enfermo? ¿Qué cosas no? Si una decisión te provoca un sentimiento neutro, colócala en medio de la lista.

En el caso de la mayoría de las cosas, puedes tomarte tu tiempo. No permitas que otras personas te insistan para que hagas cosas para las que no estés preparado.

LAS COSAS QUE NO PUEDES CONSERVAR

Una reliquia de la familia se rompe, las polillas agujerean tu suéter, un familiar lejano presenta una demanda sobre alguna cosa o, simplemente, te quedas sin espacio. No importa lo mucho que lo desees: no siempre puedes conservar todas las cosas que te recuerdan a la persona que has perdido.

Pega, en esta página y en la siguiente, fotos (o dibuja bocetos) de cosas que has tenido que dar o tirar. Escribe algunas frases sobre lo que cada objeto significa para ti.

UN LUGAR PARA GUARDAR LAS COSAS QUE NO PUEDO CONSERVAR

¿NO DEBERÍAS HABERLO SUPERADO YA?

Oh, lo sé: has intentado hablarle a la gente sobre tu dolor. Has intentado explicar que «Todo sucede por una razón» es algo desagradable que decir. Has intentado defender tu derecho a estar triste cuando tu vecino te insiste en que ya deberías haber superado esto. Incluso lo has intentado con la compasión, pero todo el asunto de sonreír y asentir simplemente parece hacer que los consejos sobre el duelo fluyan más rápidamente.

Algunas personas no lo captan. No es que *no puedan*, sino que simplemente *no lo hacen*. Tus palabras ni siquiera les van a llegar.

Tu dolor, al igual que tu amor, te pertenece. Nadie tiene derecho a dictar, juzgar o desestimar lo que tú tienes que vivir. Sin embargo, el que no tengan *derecho* a juzgar no evita que lo hagan.

Como incluso la mejor defensa no evitará que el juicio se produzca, si quieres dejar de *oír* ese juicio, necesitarás dejar claros tus límites. Deberás aclarar que tu dolor no está abierto a discusión, y entonces deberás alejarte del debate o de la conversación por completo.

Aunque hacer esto es, ciertamente, más fácil de decir que de hacer, aquí tenemos los pasos:

ABORDA SU PREOCUPACIÓN CLARA Y TRANQUILAMENTE → DEJA CLAROS TUS LÍMITES → REDIRIGE LA CONVERSACIÓN

Emplear estos tres pasos de forma constante puede reducir significativamente la cantidad de juicios que te lleguen a los oídos. Podrás esquivar al loco que empuña un juicio como un maestro del aikido del duelo.

Aquí tenemos el aspecto que podría tener este proceso en la práctica.

Digamos que has estado discutiendo con alguien sobre el duelo durante una hora; o que, más bien, has estado defendiendo tu dolor. Vamos a sacarte de esto.

En primer lugar, agradece su preocupación: «Te agradezco tu interés por mi vida».

En segundo lugar, deja claros tus límites: «Voy a vivir esto de la forma que me parezca adecuada, y no estoy interesado en discutirlo».

El primer y el segundo paso (abordar sus preocupaciones y dejar claros tus límites) suelen combinarse en una frase: «Te agradezco tu interés por mi vida. Voy a vivir esto de la forma que me parezca adecuada, y no estoy interesado en discutirlo».

Dejar claros tus límites puede ser especialmente eficaz cuando continúas con el tercer paso, redirigiendo la conversación (es decir, cambiando de tema):

«Estaré encantado de hablar de algún otro tema, pero éste no está abierto a discusión».

Esto suena acartonado y raro, lo sé, pero el mensaje aquí (incluyendo la formulación formal) es que tienes un límite claro y que no permitirás que se traspase en modo alguno.

Si hay gente en tu vida que no aceptará un límite tan claro sin segur discutiendo, puedes ceñirte a una frase hecha como: «Éste no es un asunto que vaya a debatir», y luego desplazar la conversación hacia otra cosa.

Si no pueden dejar tu dolor en paz, puedes finalizar la conversación por completo: irte o decir adiós y colgar el teléfono. Lo importante es no permitirte verte arrastrado hacia la batalla. Tu dolor no es un argumento. No necesita defenderse.

Al principio es raro, pero dejar claros tus límites y redirigir la conversación se volverá más fácil cuanto más practiques. Al final, la gente en tu vida captará el mensaje (no que no tengas que superarlo, sino que no estás dispuesto a discutirlo) o tendrá que irse. Incluso aquellas personas que parezcan inamovibles y constantes acabarán abandonando o desapareciendo si no pueden aceptar tus límites.

El dolor reordenará tus relaciones completamente. Algunas personas lo superarán contigo y otras desaparecerán. Algunos que pensabas que siempre estarían a tu lado se esfumarán por completo. Gente que estaba en la periferia de tu vida quizás dé un paso adelante y te apoye de formas que no te esperabas.

Si la gente que forma parte de tu vida puede asimilar (o incluso valorar) que seas fiel a tu corazón, entonces superará esto a tu lado. Si no puede, entonces déjala ir elegante y claramente y con amor.

MIS MULETILLAS

No tienes que defender tu dolor. Cuando alguien se esté comportando como un imbécil (a propósito o no), una frase útil o dos pueden redirigir la conversación o apartarla de ti totalmente.

Emplea este espacio para hacer una lluvia de ideas sobre cosas que dirás cuando alguien intente arrastrarte a la batalla. Cuando se te hayan ocurrido algunas frases hechas haz una foto con tu móvil para que así siempre tengas a mano tus réplicas ingeniosas. Recuerda que el objetivo no es ganar, sino que consiste en no entrar en discusiones sin sentido.

CAPÍTULO 15

Amigos y aliados y pedir ayuda

Aunque es cierto que algunas personas pueden ser cretinas totales, la mayoría de la gente quiere ayudar de verdad.

Es difícil ver que alguien a quien quieres está sufriendo. Es una intensa combinación de impotencia y amor que hace que la gente se desespere por hacer que las cosas sean mejores para ti. Quieren que estés bien. Pese a ello, no necesitas consejos.

No necesitas soluciones. No necesitas que te animen. Necesitas a alguien que vea tu dolor, que lo reconozca. Necesitas a alguien que sostenga tu mano mientras estás ahí de pie, inmerso en un maldito horror, mirando fijamente al agujero que fue tu vida.

El compañerismo lo es todo.

Este capítulo te ayudará a ayudar a otros. Cuando no dispongas de la energía para educar a tus amigos y familiares bienintencionados, las herramientas de este capítulo podrán hacerlo por ti.

Pedir ayuda no es fácil para la mayoría de la gente, así que colorea la imagen que aparece en la página siguiente para que te ayude a acceder a esto.

LLUVIA DE IDEAS SOBRE LO PRÁCTICO (Y LO SALVAJEMENTE IMPRÁCTICO)

Anota todas las formas en las que podrías usar la ayuda (de amigos, familiares, terapeutas, médicos e incluso desconocidos al azar). Sé tan salvaje o exigente como quieras. Preguntar libremente por todo *aquí* te permite descubrir cosas en las que podrías no pensar si estás siendo enteramente «práctico» o estás intentando no necesitar demasiado.

Una vez que hayas rellenado la página, repasa lo que has escrito y rodea las cosas que puedes pedir cuando la gente te diga: «¿Cómo puedo ayudarte?». Incluso podrías asignar un color a cada ayudante potencial y usar su color para representar quién podría hacer qué tarea.

EL FOLLETO DE «CÓMO AYUDARME»

La mayoría de la gente *sí* tiene buenas intenciones, pero lo que pasa es que las cosas que hace no son de utilidad en el mejor de los casos, y son groseras o despectivas en el peor de los casos. Necesitan un poco de ayuda para saber lo que es realmente de utilidad.

Pero estás de duelo. No es como si tuvieses mucha energía mental extra para instruir a la gente en cómo apoyar mejor a un amigo doliente. Quizás ni siquiera sepas lo que necesitas, así que, ¿cómo se supone que se lo vas a contar a otra persona?

Pásale este útil folleto a los amigos y familiares que quieran ayudarte. De ese modo no tendrás que dedicar nada de tu energía a explicar por qué «Por lo menos ahora sabes lo que es realmente importante» no es una opinión útil.

Asegúrate de comprobar los recuadros de «No sé cómo ayudar» en la parte posterior del folleto y añade cosas concretas que tus amigos y familiares puedan hacer para ayudarte. Puedes añadir cosas como «Saca la basura para reciclar y déjala al lado del bordillo de la calle los martes por la noche», o «Nos encantaría una comida que guste a los niños algunas noches por semana». Proporciónales a tus equipos sugerencias tangibles.

Anota tus peticiones especiales y luego recorta las páginas, fotocópialas, dóblalas para que adopten la forma de un tríptico y repártelas. También puedes descargarte una versión algo más larga de este folleto para imprimirla (*véase* la sección «Recursos» al final de este libro para obtener el enlace).

Si de verdad quieres que tu gente te proporcione un apoyo de cinco estrellas, incluye una copia de «Cómo ayudar a un amigo doliente: Once cosas que hacer cuando no estés seguro de qué hacer» dentro del folleto. Está a tu disposición junto con los otros recursos *online*.

Una última cosa: he creado unas minitarjetas educativas descargables para aquellas ocasiones en las que realmente no quieras abordar esto con alguien, pero este alguien necesite algo de reorientación (*véase* la sección «Recursos» al final de este libro).

NO SÉ CÓMO AYUDAR.

Aquí tenemos algunas peticiones concretas de la persona doliente. Pregunta acerca de (o mejor todavía, ofrécete a hacer) cosas que no aparezcan en esta lista (asegúrate de obtener permiso antes de emprender acciones).

- Organiza un reparto de comidas
- Haz que le lleven víveres a casa
- Ocúpate de la basura, el compost, el reciclaje
- Saca a pasear al perro o cuida de las mascotas, el ganado, el jardín
- La limpieza del hogar
- Gestiona el cuidado de los niños o las citas de juegos
- Pásate a recoger las medicinas por la farmacia
- Ofrece transportarle a/de ________________
- Ayúdame a investigar ____________________
- Ocúpate de las cuentas o de los acreedores
- Ayuda con el funeral/las exequias
- Organiza una reunión
- Ven conmigo a __________________________
- Revisa mis llamadas y mensajes de texto

____

____

____

¡PERO NO SÉ QUÉ DECIR!

Nadie sabe cuál es la cosa perfecta y correcta que decirle a alguien que está de duelo. No hay una cosa concreta perfecta. Nada de lo que digas o hagas hará que el dolor de una persona desaparezca, y no pasa nada. El dolor no es un problema que deba resolverse, sino que es una experiencia de la que debemos ocuparnos.
Lo que más necesita tu amigo es tu amor y apoyo, que le escuches y tu voluntad de estar a su lado (independientemente de lo torpe que te sientas). Puedes decir cosas como:

Siento que esto esté sucediendo,

o

Estoy aquí y estoy escuchándote,

o, simplemente

Esto es horrible.

REFUGE IN GRIEF

refugeingrief.com
@refugeingrief

Para encontrar más recursos, visita refugeingrief.com

QUIERO AYUDAR A MI AMIGO DOLIENTE.

¡Maravilloso!

Apoyar a una persona doliente es un trabajo duro. Es duro ver sufrir a alguien a quien quieres tanto. Tanto si eres un conocido como un amigo como para ser un «contacto de emergencia», esta pequeña guía te ayudará a proporcionar el amor y el apoyo que más quieres dar.

QUIERO HACER QUE SE SIENTA MEJOR.

No gestionamos muy bien el dolor en esta cultura. No estamos realmente seguros sobre qué hacer, así que hacemos lo que nos han enseñado: vemos el lado bueno. Intentamos hacer que la gente se sienta mejor. Le damos consejos. Intentamos animar a la gente porque pensamos que ése es nuestro trabajo. Se supone que no debemos permitir que la gente esté triste, ¿verdad?

Lamentablemente, independientemente de lo buenas que sean tus intenciones, animar a alguien no funcionará.

De hecho, intentar hacerlo puede hacer que tu amigo se sienta peor.

Parece raro, pero la forma de ayudar de verdad a alguien es dejar que experimente su dolor. Permítele que te explique lo mucho que duele, lo duro que es, sin que intervengas para solucionarlo, reducirlo o hacer que desaparezca.

Tu trabajo, si decides aceptarlo, consiste en ser testigo de algo hermoso y terrible (el dolor de otra persona) y de resistirte a la necesidad, muy humana, de arreglarlo o solucionarlo.

TEMO HACER ESTO MAL.

Por favor, recuerda que, simplemente queriendo ser alentador, queriendo llevar a cabo el trabajo duro de querer a alguien inmerso en su dolor, estás haciendo cosas buenas.

La gente doliente preferiría que tropezaras con tu apoyo imperfecto a que no dijeras nada. No pasa nada por ser raro. Ser raro está bien. No tienes por qué ser perfecto, sino simplemente estar presente.

Aquí tenemos algunos datos sobre el dolor:

- El dolor es una respuesta sana y normal ante la perdida de alguien (o algo) a quien quieres.
- El que el dolor nos haga sentir mal no hace que sea malo. El dolor no es una enfermedad ni algo que deba solucionarse.
- El duelo dura mucho más de lo que crees. No pasa al cabo de seis semanas, ni seis meses, ni seis años. El duelo dura mientras dure el amor.
- El duelo de cada persona es único. Al igual que ninguna relación es idéntica, ningún duelo es idéntico.
- La mayoría de las cosas que *pensamos* que se supone que debemos decirle a una persona doliente hacen, de hecho, más mal que bien.

¿QUÉ PUEDO HACER O DECIR?

Aquí tenemos algunas opciones:

- Comparte un recuerdo. No evites hablar de la persona fallecida.
- Evita las preguntas como «¿Qué tal estás?» y «¿Cómo estás *en realidad?*». Una pregunta mejor es: «¿Qué tal va el día?» o «¿Qué te parecería reconfortante esta noche?».
- Ponte recordatorios de cumpleaños, festividades y aniversarios en el teléfono. Envía a tu amigo un mensaje esos días.
- No esperes a las fechas importantes para enviar un mensaje. Dile a la persona que te acuerdas de ella cualquier día aleatorio.
- Pasa el rato con tu amigo, incluso aunque no quieras hablar. Tu compañía significa mucho.
- Dale o hazle llegar paquetes de cuidados. Tentempiés, flores, pequeños regalos: todos ellos son importantes.
- No pasa nada si apareces y dices: «No tengo ni idea de cómo hacer esto, pero estoy aquí y te quiero, y estoy dispuesto a sentirme inútil si eso significa que te sientes querido».
- Ofrece un apoyo tangible y fiable.

GRACIAS POR TU PREOCUPACIÓN

Cuando estás de duelo, es frecuente que otros valoren tu salud emocional. ¿No estás seguro sobre cómo hacer que tus amigos bienintencionados dejen de preocuparse tanto? ¡Entrégales una tarjeta de «Gracias por tu preocupación!». Trabajando juntos, elige una palabra o un emoji aleatorios que pueda servir a modo de código secreto con respecto a cómo te sientes. De esa forma, cuando tus amigos te pregunten qué tal te está yendo, podrás enviarles el código, y los dos sabréis qué significa.

Recorta por las líneas de puntos para retirar la página siguiente. Fotocopia ambos lados de la página en una cartulina y luego recórtala y comparte cada tarjeta con las personas a las que quieres.

Emplea estas plantillas de códigos con o sin las tarjetas físicas:

Nuestro código secreto para «Estoy bien ahora mismo» es ___________________.

Nuestro código secreto para «Vayamos a algún lugar y no hablemos de esto» es ___________________.

Nuestro código secreto para «¡Dios mío, esto es horrible! Me vendría bien algo de apoyo» es ___________________.

Nuestro código secreto para «¡Emergencia! Necesito ayuda» es ___________________.

Ver cómo alguien sufre es duro.

Gracias por estar a mi lado.

Ver cómo alguien sufre es duro.

Gracias por estar a mi lado.

Ver cómo alguien sufre es duro.

Gracias por estar a mi lado.

Ver cómo alguien sufre es duro.

Gracias por estar a mi lado.

Ver cómo alguien sufre es duro.

Gracias por estar a mi lado.

Ver cómo alguien sufre es duro.

Gracias por estar a mi lado.

Me encanta que estés pendiente de mí, y a veces no dispongo de las palabras para contestar. Hagamos esto más fácil.

Nuestro código secreto para «Estoy bien ahora mismo» es

______________________________.

Nuestro código secreto para «Vayamos a algún lugar y no hablemos de esto» es

______________________________.

Nuestro código secreto para «¡Dios mío, esto es horrible! Me vendría bien algo de apoyo» es

______________________________.

Nuestro código secreto para «¡Emergencia! Necesito ayuda» es

______________________________.

Me encanta que estés pendiente de mí, y a veces no dispongo de las palabras para contestar. Hagamos esto más fácil.

Nuestro código secreto para «Estoy bien ahora mismo» es

______________________________.

Nuestro código secreto para «Vayamos a algún lugar y no hablemos de esto» es

______________________________.

Nuestro código secreto para «¡Dios mío, esto es horrible! Me vendría bien algo de apoyo» es

______________________________.

Nuestro código secreto para «¡Emergencia! Necesito ayuda» es

______________________________.

Me encanta que estés pendiente de mí, y a veces no dispongo de las palabras para contestar. Hagamos esto más fácil.

Nuestro código secreto para «Estoy bien ahora mismo» es

______________________________.

Nuestro código secreto para «Vayamos a algún lugar y no hablemos de esto» es

______________________________.

Nuestro código secreto para «¡Dios mío, esto es horrible! Me vendría bien algo de apoyo» es

______________________________.

Nuestro código secreto para «¡Emergencia! Necesito ayuda» es

______________________________.

Me encanta que estés pendiente de mí, y a veces no dispongo de las palabras para contestar. Hagamos esto más fácil.

Nuestro código secreto para «Estoy bien ahora mismo» es

______________________________.

Nuestro código secreto para «Vayamos a algún lugar y no hablemos de esto» es

______________________________.

Nuestro código secreto para «¡Dios mío, esto es horrible! Me vendría bien algo de apoyo» es

______________________________.

Nuestro código secreto para «¡Emergencia! Necesito ayuda» es

______________________________.

Me encanta que estés pendiente de mí, y a veces no dispongo de las palabras para contestar. Hagamos esto más fácil.

Nuestro código secreto para «Estoy bien ahora mismo» es

______________________________.

Nuestro código secreto para «Vayamos a algún lugar y no hablemos de esto» es

______________________________.

Nuestro código secreto para «¡Dios mío, esto es horrible! Me vendría bien algo de apoyo» es

______________________________.

Nuestro código secreto para «¡Emergencia! Necesito ayuda» es

______________________________.

Me encanta que estés pendiente de mí, y a veces no dispongo de las palabras para contestar. Hagamos esto más fácil.

Nuestro código secreto para «Estoy bien ahora mismo» es

______________________________.

Nuestro código secreto para «Vayamos a algún lugar y no hablemos de esto» es

______________________________.

Nuestro código secreto para «¡Dios mío, esto es horrible! Me vendría bien algo de apoyo» es

______________________________.

Nuestro código secreto para «¡Emergencia! Necesito ayuda» es

______________________________.

PEDIR AYUDA ES DIFÍCIL

¿Qué tal te hace sentir pedir ayuda? Si eres como la mayoría de la gente, no es fácil. Recuerda que tus amigos *quieren* ayudarte. Quieren que les dejes quererte de las mejores formas en que sepan hacerlo. No pasa nada porque pidas lo que necesites.

Colorea el mensaje que aparece a continuación. Dibuja, garabatea o haz un collage a su alrededor. Hazle una foto y tenla en tu teléfono móvil, o úsala como tu fondo de pantalla, para así recordarte que puedes apoyarte en el amor que tienes a tu alrededor.

ANTES

CAPÍTULO 16

Maestro de dos mundos

No hay vuelta atrás. No hay avance. Sólo hay el seguir adelante con ello: una integración de todo lo que ha venido antes y todo lo que se te ha pedido vivir.

Vivir con el dolor significa retroceder y avanzar por el puente entre lo que había *antes* y lo que hay *ahora*. Con el tiempo crearás un hogar dentro de este nuevo mundo, pero no le dirás simplemente adiós al mundo anterior, sin mirar nunca más hacia atrás. Los humanos no funcionamos así.

La supervivencia durante el duelo consiste en encontrar la conexión entre estos dos mundos.

En verdad, no podemos aferrarnos a nada: ni al mundo físico, ni a los estados de sentimiento, y ni siquiera a nuestros propios sentimientos. Pero el amor... el amor podemos llevarlo con nosotros. Conecta lo que hay ahora con lo que está por venir. Nos permite viajar entre mundos.

SOBRE LOS RECUERDOS

Especialmente al principio del duelo, reproducimos eventos y recuerdos en nuestra mente, desesperados por aferrarnos a ellos. Hemos perdido tanto. Tenemos miedo de perder lo poco que nos queda: las cosas que recordamos, las imágenes interiores de nuestra vida anterior. Al mismo tiempo, hay cosas que desearíamos olvidar: la imagen de la persona querida sufriendo, o la última discusión que tuvimos.

Los recuerdos pueden ser complicados.

Programa un temporizador y escribe sobre tu relación con los recuerdos. Empieza escribiendo «Quiero recordar...».

Puedes alternar eso con «Necesito olvidar...».

Permite que tus recuerdos llenen la página.

¿CUÁLES SON TUS TESOROS?

Dibuja, haz un *collage* o anota cosas que valores profundamente: retazos de recuerdos, cuándo os conocisteis, la dulzura de vuestra rutina matutina, la forma en la que explicaba chistes de vez en cuando. ¿Qué cosas guardarías en este cofre de los tesoros?

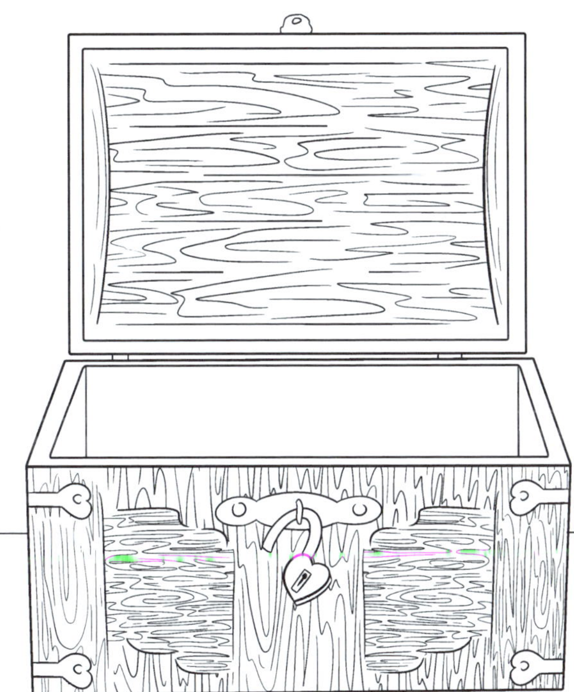

COMPAÑEROS, NO SUSTITUTOS

Buena parte del apoyo durante el duelo (e incluso durante, simplemente, la vida cotidiana) implica la respuesta de «Sí, pero»: *Sí, se ha ido, pero deberías estar agradecido. Sí, estás triste, pero es Sol está brillando. Estas flores son tan bonitas: ¿no te hacen sentir mejor? Tienes tantas cosas buenas en tu vida ahora, ¿por qué sigues pensando en él/ella?*

Las cosas hermosas no reemplazan al resto de cosas. Los momentos de felicidad o placer no invalidan otros sentimientos. La vida no es un mercadillo en el que intercambiamos una cosa por otra. En lugar de ello, podemos considerar estos momentos y sentimientos como compañeros:

La ola de luz a lo largo de un campo de flores yace al lado del vacío que sientes.
La risa de alguien a quien quieres se encuentra al lado de tu tristeza.
Estás contento porque tu amigo acaba de tener un bebé y, al mismo tiempo, te enfada mucho que el tuyo se haya ido.

La vida no es o... o, sino y... y.

Emplea este espacio para escribir y dibujar la palabra «Y», o dibuja o escribe todas las cosas que te acompañan dentro de tu dolor: lo que sea que «Y» signifique para ti hoy.

LA BELLEZA COMO UNA ALIADA

Cuando lo has perdido todo puedes seguir buscando la belleza. La presencia de la belleza no elimina mágicamente todo el dolor, pero la ausencia de la belleza hace que la cosas sean mucho más difíciles de soportar.

La belleza puede ser una gran aliada: te proporciona algo a lo que aferrarte cuando el mundo parezca abrumadoramente oscuro o triste.

Usa estas páginas para recolectar pequeñas cosas bonitas procedentes de tu vida cotidiana: una conversación que hayas escuchado, una flor que se acaba de abrir, la forma de las aves cuando están volando, unas formas de corazón aleatorias que hayas visto en una piedra o en las nubes. Mientras tanto, dibuja o pega con cinta adhesiva cosas directamente sobre la página. La belleza existe, incluso en tu dolor.

UNA INVESTIGACIÓN SOBRE LA TRISTEZA

Al vivir lo que has vivido, llevas contigo conocimientos que no toda la gente posee. Sabes cómo es el avanzar por un mundo con parte de tu corazón en otro.

Aquí tenemos una práctica genial para cuando te encuentres ahí fuera, en el mundo «normal»: sin mostrarte raro ni incómodo por ello, busca señales de que alguien esté soportando algún tipo de pérdida intensa. Busca pistas. Fíjate en los lugares en los que el mundo profundo se vislumbra, en las grietas, en la sutileza del momento cotidiano.

No es que debas emprender ninguna acción. Es suficiente con darse cuenta. En tu mente puedes ofrecerle amor y amabilidad a la persona. Usa lo que percibas como una señal para suavizar tu mirada, para abrir tu corazón. ¿Quién sabe? Quizás aportes cosas a la compasión disponible en el mundo. Eso es algo que nunca está de más.

Rellena la viñeta de la página siguiente con el mensaje que podrías enviar, silenciosamente, cuando identifiques que alguien está sufriendo.

¿DEBES ALCANZAR LA ACEPTACIÓN?

El marido de una amiga se ahogó mientras estaba de vacaciones. Seis años después, escribió: «Estoy luchando con la aceptación. No sólo con la aceptación de su muerte, sino con la aceptación de cómo es mi vida ahora, la aceptación de los sentimientos habituales de la tristeza y la soledad, la aceptación de cómo son las cosas».

«Aceptación» es otra de esas palabras que suele usarse como arma cuando la gente está de duelo: tienes que *aceptar* que ha muerto. No podrás sanar hasta que encuentres la *aceptación*.

«Aceptación» significa la «acción de tomar o recibir lo que se ofrece». La connotación en su uso habitual es «tomar lo que se ofrece *voluntariamente* y sin esfuerzo».

Eso es una hazaña. No tienes por qué aceptar lo que ha sucedido. No sé por qué la gente siquiera sugiere que es posible. Algunas cosas son inaceptables.

Me pregunto si, en lugar de la aceptación, nos fijásemos más en la admisión como un objetivo más alcanzable. La «admisión» puede definirse como un «dejar entrar» o un «reconocimiento». Eso me parece mucho más amable.

Dejar entrar un estado emocional, sin unirle una historia más importante, es una herramienta importante aquí, y puede suponer una gran diferencia. Por ejemplo, cuando sientas que una soledad conocida y profunda regresa a tu corazón, puede que tus pensamientos centrados en la aceptación tengan un aspecto parecido al siguiente:

> Estoy tan cansado sentir esto. Desearía poder simplemente aceptar que él o ella se ha ido. Mi vida está vacía, y quizás lo esté por siempre. No quiero sentirme solo por siempre, pero él o ella se ha ido. ¿Qué más queda? Desearía poder aceptar esto.

La aceptación puede sugerirte que intentes dejar de sentirte solo. Presenta un estado de sentir mítico e inalcanzable que sería tuyo si simplemente pudieras aceptar, voluntariamente, lo que te ha sido dado.

¿Quién está voluntariamente solo? Nadie: ¿quién querría estarlo.

Si, en lugar de ello, tuvieras la admisión en tu mente, la trama interior podría discurrir de la siguiente forma:

> Hoy me siento solo. Es algo muy familiar y pesado. De acuerdo, mi yo solitario: te veo. Por supuesto que te sientes solo. Me pregunto qué le parecería reconfortante a este sentimiento hoy.

¿Puedes percibir la diferencia? No es que este cambio de intención (dar la bienvenida y reconocer la realidad en lugar de «aceptarla» sin más) haga que, de repente, aparezcan arcoíris y haga que tu vida empiece de nuevo. Es, simplemente, más amable (y más realista) practicar el admitir cada estado de sentimiento, viéndolo como lo que es, honrándolo como válido y verdadero, y preguntándote lo que podrías necesitar para responder a ese sentimiento, honrarlo o avanzar a su lado. La admisión puede ayudarte a salirte de cualquier trama de una batalla contigo mismo que sólo servirá para profundizar el sentimiento incómodo, en lugar de ayudar a que se reduzca.

Pruébalo. Usa las viñetas de cómic que aparecen en la imagen siguiente para crear algunos guiones alternativos para tres sentimientos que encuentres difícil aceptar pero que, sin embargo, estén ahí: sentimientos que creas que no deberías sentir. Dibújate. Los monigotes sirven. En una viñeta dibuja o muestra un sentimiento incómodo. En la siguiente viñeta dibuja lo que podrías necesitar para sentirte respaldado con ese sentimiento. En la tercera viñeta escribe un nuevo guion que usar cuando percibas que surge el sentimiento incómodo.

A continuación, lleva esta práctica contigo en tu vida cotidiana. Prueba con tus nuevos guiones. Observa lo que sucede.

EMPIEZA AQUÍ

CAPÍTULO 17

Libertad para vivir

Aunque puede que no siempre tenga esta gravedad aguda, tu dolor, al igual que tu amor, siempre formará parte de ti. La vida puede ser, e incluso probablemente será, hermosa de nuevo. Pero ésa es una vida construida *al lado de* la pérdida, basada tanto en la belleza y la elegancia como en la devastación, y no una vida que busque borrarla.

Vivir aquí, al lado de tu pérdida, no será fácil. Lo más probable es que sobrevivas a tu pérdida, pero quiero para ti más que simplemente la mera supervivencia.

Si este fuera otro tipo de libro, este último capítulo sería un final feliz. Haríamos un repaso para enumerar las lecciones aprendidas, celebraríamos tu transformación y lo terminaríamos todo con un arcoíris o una puesta de Sol. Sin embargo, éste no es ese tipo de libro.

En lugar de ello, aquí, en este último capítulo, debemos hablar de las cosas difíciles: la alegría, el significado o el sentido, y la esperanza.

LA ALEGRÍA

La alegría es complicada. No es como si pudieras seguir algunos pasos fáciles y abrirte camino desde el duelo hasta la euforia (no importa qué afirmen algunos anuncios publicitarios). La vida real no es tan sencilla.

Nadie habla del lado oscuro de la alegría: cómo, la primera vez que sientes realmente que te ríes, que te ríes de verdad, eso trae consigo un dolor inmediato a tu corazón. Cómo un momento inesperado de belleza te proporciona un sentimiento de alegría, seguido rápidamente de una sensación devastadora de anhelo por la persona que vio esa belleza en ti o que sería la que más podría apreciarla ahora.

Cómo te das cuenta dentro de un día, de tres años, de cinco años, de diez años, que estás, de hecho, feliz, y eso hace que te llegue una oleada de lágrimas, porque la persona a la que quieres no está aquí en esta felicidad, y tú te sientes culpable por haber encontrado la felicidad sin ella.

La propia alegría puede parecerte una traición.

La felicidad, independientemente de la forma que adopte, no puede reducir y no reducirá tu amor por la persona que ha fallecido. El amor, simplemente, no funciona de esa forma. No es ni voluble ni frágil. No se ve amenazado por la alegría.

No importa lo improbable (ni siquiera lo desagradable) que parezca: la alegría regresará. Eso no significará que ya no estés triste.

Programa un temporizador que te avise en sólo cinco minutos y, en el espacio que hay a continuación, escribe sobre un momento de felicidad, incluso aunque esa felicidad te rompiera el corazón. ¿Cuándo sucedió? ¿Cómo te hizo sentir?

Ambos/y, no uno o el otro

La gente doliente se resiste a cualquier idea de la alegría, porque los mensajes culturales dicen que uno tendría que desprenderse de su dolor para captarla: *¡No puedes estar triste y alegre al mismo tiempo!*

Si debes abandonar tu dolor para sentir alegría, entonces tenemos un problema. El dolor no va a desaparecer.

La alegría se convierte en algo mucho más posible cuando no se considera un intercambio por el dolor. Acabas teniendo los dos.

¿Cuál es tu relación con la alegría, o incluso con la idea de ella? Si no tienes que desprenderte de tu dolor para captar momentos de alegría, ¿cambia eso las cosas? Emplea el espacio que hay a continuación para escribir tus respuestas. Si te sientes atascado, quizás podrías empezar con «La alegría es complicada...».

Una visión de la alegría

Emplea el espacio que hay a continuación para dibujar o hacer un *collage* de imágenes de la alegría, independientemente de lo que signifique para ti. Si no te encuentras en una situación en la que la alegría parezca posible, crea una imagen de lo que podría incluir la alegría futura.

EL SIGNIFICADO O SENTIDO

Encontrar significado o sentido es como el santo grial del trabajo con el duelo: como si encontrar el significado o sentido adecuado en tu pérdida fuera a solucionar tu pérdida de una vez por todas.

La pérdida disuelve el significado o sentido. ¿Cómo avanzas cuando la cosa que más te importaba se ha ido?

El significado o sentido es una de esas cosas que solo tú puedes reclamar. No es lo mismo que encontrar una razón. Eso es distinto. Vivir una vida con sentido o significado consiste en encontrar tu propia brújula interior y seguirla mientras honras tus compromisos contigo mismo, con otros y con el mundo.

Aquí tenemos un ejercicio complicado: mira a ver si puedes encontrar un hilo común de significado o sentido que se remonte desde tus primeros años de vida hasta ahora. Puede que, por ejemplo, cuando fueras un niño te alzaras en defensa de niños acosados. Quizás, como adulto joven, hubieras defendido a alguien indefenso. Puede que durante tu trayectoria profesional buscaras formas de servir a aquéllos cuyo género o etnia evitara que tuvieran voz. La ecuanimidad es un hilo que se entreteje en todas esas opciones: ha estado ahí siempre. Esa sensación subyacente de significado o de compromiso podría haberse quedado a oscuras dentro de tu dolor, pero mi suposición es que se encuentra ahí, en algún lugar.

En el espacio que hay a continuación, traza un cronograma de tu vida. ¿Qué temas percibes mientras miras hacia atrás? ¿Qué hilo de sentido o compromiso discurre por todas las distintas etapas de tu vida?

Si encuentras interesante esta idea de seguirle el rastro a temas a lo largo de tu vida, hay muchos lugares en los que estudiarla en mayor profundidad. Examina la sección «Recursos» al final de este libro en busca de enlaces.

¿Cómo, ahora?

Explora un poco más lo que tiene sentido o significado para ti. En los días y las semanas venideros, ¿cómo podrías expresar ese hilo común que ha discurrido a lo largo de toda tu vida? Las ideas descabelladas son bienvenidas. No tienes por qué ser práctico con esta exploración. Haz un *collage,* escribe o dibuja en el espacio que hay a continuación.

Llegar a mañana

Quizás experimentes una reacción interesante al imaginarte el resto de tu vida: temor. Mirar hacia adelante puede ser duro. Qué pesado se siente eso, con todos esos años estirándose, como una cadena perpetua. Al principio de mi duelo, si otra persona doliente me hubiera dicho que a los cinco años, o a los nueve, o a los veinte, su vida se hubiera vuelto maravillosa le habría dicho: «Ésa no es mi vida. Eso nunca me sucederá».

Mira: te *acabas* de encontrar con este peso lanzado sobre ti. Sólo es familiar parcialmente. Todavía está por verse la forma en la que aprendes a soportarlo. Probablemente no podrás ver los años que hay por delante ahora. Mirar hacia el futuro va a hacerte sentir como una mierda. No puedes imaginar quién o qué podrías llegar a ser: no dispones de suficiente información. Hay cosas que van fraguándose sólo a medida que las vives.

Cuando la mirada a largo plazo sea demasiado larga, fíjate en el día: lo que hay aquí, en este preciso momento, a tus pies. Ninguna chispa de interés, significado o sentido debe durar más allá de día de hoy.

Programa un temporizador para que suene dentro de cinco minutos. En el espacio que hay a continuación, escribe sobre lo que te parece que tiene sentido o significado hoy. Encuentra algo que tenga sentido o significado para ti mañana y escribe sobre eso, y luego haz lo mismo al día siguiente..., un día tras otro y tras otro.

LA ESPERANZA

El dolor, al igual que el amor, tiene su propio cronograma y su propia curva de crecimiento. Al igual que con todos los procesos naturales, no tenemos un control total sobre ello. Lo que está bajo tu control es la forma en la que cuidas de ti mismo.

Vivir bien con el dolor significa dar con formas de permanecer fiel a ti mismo, de honrar quien eres y qué ha sucedido antes, mientras vives los días y los años que te quedan. Vivir bien no tiene tanto que ver con lo que harás, sino más con cómo te aproximarás a tu propio corazón, con cómo vivirás lo que se pide de ti en esta vida.

Pero no siempre es fácil seguir adelante cuando no estás seguro de cómo es el terreno que hay bajo tus pies, por no hablar de lo que los días y los años venideros traerán.

Es importante, especialmente en una época tan confusa, que te proporciones una imagen por la que vivir. Algo por lo que tener esperanza. Algo que sea tuyo. El siguiente ejercicio te ayudará a encontrar esa visión.

Imaginando tu vida

Llevar el amor contigo, avanzar, en contraposición con «seguir adelante», es un proceso complejo y complicado. Dado que tu pérdida no es algo que deba arreglarse, ¿qué aspecto tendría vivir una buena vida? ¿Cómo vivir aquí, en un mundo que ha cambiado por completo?

Con esta serie de preguntas como lugar de inicio, emplea las páginas siguientes para explorar tu propia idea de en qué puede consistir «vivir bien». ¿Qué tipo de vida esperas?

Dado lo que tienes que vivir, ¿cuáles son los elementos de una buena vida, de una vida hermosa?

Sabiendo que la completa eliminación del dolor no es el objetivo, ¿qué aspecto podría tener la sanación?

¿Qué tipo de persona quieres ser, para ti y para los demás?

¿Qué esperas para ti mismo?

Puedes responder a todas estas preguntas de golpe para crear una guía global para esta época de tu vida, o puedes hacerte algunas de estas preguntas a diario, comprobando qué te hace sentir bien en un día concreto. También podrías hacer un *collage* de tus respuestas a las preguntas. Hay muchas formas de explorar qué aspecto quieres que tenga tu vida.

El futuro que está por delante

Puede ser duro imaginar una visión de tu vida. Encontrar sueños tangibles puede ser complicado dentro del duelo. En lugar de ello, vamos a por tu estado de ser deseado y añadamos un poco de la magia de los viajes por el tiempo. Usa esta página para hacer un *collage,* dibujar o escribir una bendición para tu yo futuro. ¿Qué le deseas a esa persona que serás algún día? Si estás atascado, podrías empezar con: «Ojalá sepas...» u «Ojalá sientas...».

La genial aplicación FutureMe (futureme.org) te permite escribir y programar cartas para tu yo futuro. Si dibujas o haces un *collage* de tus bendiciones futuras, haz una foto de lo que crees y envíasela a tu yo futuro. Si te apetece recibir bendiciones de otras personas dolientes, encontrarás un enlace para hacerlo en la sección «Recursos» al final de este libro.

LIBERTAD PARA VIVIR

No podemos finalizar este diario de forma optimista, pero sí podemos acabarlo de forma esperanzadora: ésta es tu vida.

La historia de esta vida no ha acabado. Hay relaciones en desarrollo y constantemente cambiantes en tu vida: con el dolor, con el amor, con la persona que has perdido, contigo mismo. Hay aventuras, adversidades y regalos. Tu vida todavía es el viaje del héroe.

Dentro de ti, en tu corazón, eres libre. Libre de vivir tu vida de una forma que honre a tu corazón, honre tu pérdida y honre todo lo que ha sucedido antes.

En una vida que parece injusta y fuera de control (y que frecuentemente *es* injusta y *está* fuera de control), eres libre de escoger tu respuesta. Esto no es una psicología popular y barata de tonterías como «hazlo lo mejor que puedas con lo que tienes». Elegir cómo respondes consiste en reclamar tu derecho a vivir de acuerdo contigo mismo. Consiste en reclamar tu soberanía. Consiste en vivir tu vida en sintonía con tu propio sentido de significado o tu dirección.

Tu trabajo consiste en cuidar de ti mismo lo mejor que puedas, respaldándote en el amor, la amabilidad y el compañerismo que puedas encontrar.

Sobrevivir al dolor es un experimento. Un experimento al que te han lanzado en contra de tu voluntad, pero un experimento a fin de cuentas. No hay nada que hacer sino seguir explorando el camino que hay por delante, llevando contigo tu amor y tu pérdida. Ojalá la alegría, el significado y la esperanza lleguen para unirse a ti a lo largo del camino.

Finalicemos este libro con una última nota de amor para ti. El mensaje que aparece en la siguiente página es algo que llevar contigo mientras sigues explorando esta vida que no habías visto venir. Este mensaje de cierre también está disponible en forma de una descarga en formato de audio: encontrarás el vínculo directo en la sección «Recursos» al final de este libro.

Varias páginas en blanco cierran este diario. Emplea ese espacio para escribir, dibujar y explorar tu respuesta a este mensaje de cierre o para escribir tu propia versión.

A***dquirimos conciencia de nosotros mismos o autocontrol con suavidad***, con ternura, para estar disponibles para el dolor y para el amor. Para poner a disposición nuestro corazón. Ríndete (déjate ir), no luches. No todo está bien, y aquí estamos con eso. Por lo tanto, nos mostramos tan tiernos como podemos. Nos mostramos con ternura con lo que hay, ablandándonos en ella. Ríndete.

El dolor no te muestra que has perdido el rumbo. El dolor es el rumbo. Ablandar tu corazón es un acto radical. Querer para ti algo hermoso, agradable y amable. Tender tus manos para ver qué llega. Tender tu corazón como lugar para encontrarse con lo que ya ha llegado.

Lo que hay aquí ahora es *amor:* no está aquí para que la situación mejore, no está aquí para hacer que el dolor desaparezca, no está aquí para darte una razón. Está aquí, simplemente.

Y el amor está sentado a tu lado ahora, incluso aunque no lo sientas, incluso aunque parezca haber desaparecido de la vista. Puede que el amor siga aquí contigo en la forma que pueda adoptar: un amor que va por debajo de todo. No tiene sentido. No creo que intente tenerlo, pero hay amor por debajo y alrededor y dentro de todo.

Y quizás este amor lo supiera, puede que el amor estuviera ahí, preparándote lo mejor posible para lo que iba a venir, para lo que hay ahora. Puede que te hayas visto acompañado durante todo el trayecto, a lo largo de toda esta vida, por el amor en todas sus formas y en todo momento.

Mientras respiras en este espacio, sientes una dulzura que entra en ti ahora, alzándose para conocerte, rodeando tu corazón, sosteniendo tus manos. Amor infinito. Ternura infinita.

El amor está contigo aquí. Un amor que tiene el corazón roto por ti tanto como tiene el corazón roto contigo. A tu lado, exactamente aquí. E inspiras todo el amor disponible. Toda la dulzura. Reuniendo al dolor con el amor, nos abrimos al amor.

Y regresamos una y otra vez, haciendo esa elección para estar presente, para sentirlo, para recibir incluso esto... incluso esto. No está todo bien, y aquí estás tú con eso.

Lo que empezó con el amor continua aquí, a lo largo de este camino, en esta senda que hay aquí.

Ojalá conozcas el amor.
Ojalá conozcas la amabilidad.
Ojalá estés libre de sufrimiento.

Y ojalá tengas esperanza en el experimento constante y continuo: creer en un amor que no te salva, pero que sigue siendo tu refugio y tu hogar.

Ojalá que lo que has encontrado en este libro te ayude a soportar lo que tienes que vivir.

Agradecimientos

No sé si me habría gustado este libro cuando mi vida se malogró por primera vez. Cuando todo el mundo parece estar mal, incluso los mejores recursos pueden parecer erróneos también. Hubiera deseado que lo que he creado aquí le hubiera parecido hermoso y útil a la persona que era yo hace años.

Me honra tener acceso a las historias de miles de personas dolientes gracias a mi curso Writing Your Grief (Escribiendo tu duelo) y mis plataformas en las redes sociales. A mis alumnos que escriben y a mis lectores les doy las gracias por haber compartido su dolor conmigo. Vuestro amor por vosotros mismos y por las personas que habéis perdido luce a través de vuestras palabras. Escribo con vosotros en mente.

Jayne Agena, mis maravillosos patrocinadores y el resto del equipo de la revolución del duelo me proporcionaron sugerencias inestimables en las primeras etapas de este libro. Mi querida amiga y colega la doctora Jessica Zucker me proporcionó un apoyo moral y un *input* muy necesarios y, cuando me hacía falta, me recordaba que, de hecho, puedo hacer cosas difíciles. Mi agente, David Fugate, fue, como siempre, la voz de mi razón. La doctora Samantha Brody me proporcionó válvulas de escape para mi sarcasmo y mi socarronería y actuó como mi jefe de control de calidad. Maika y Zee mantuvieron las cosas en funcionamiento en nuestros cuarteles generales del duelo, para que así yo pudiera dar un paso al lado para entrar en el largo proceso de la creación de este libro.

Toda esta gente hizo que este libro fuera posible.

Gracias. Gracias, como siempre, a mi equipo en Sounds True, y a Naya Ismael por sus ilustraciones. Juntos hemos hecho algo encantador.

Estoy escribiendo esta última parte del libro con un cachorrito muy lleno de vitalidad a mis pies. Matt y yo adoptamos juntos a nuestro perro hace muchos años. Ambos se fueron hace muchos años: un parpadeo y una eternidad. La alegría aparece de nuevo, de distintas formas y en distintos momentos. A lo que sea que hace que esto sea así, gracias. Gracias por todo.

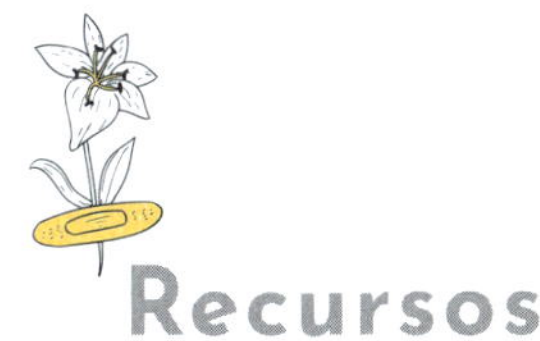

Recursos

Organizaciones de apoyo

Nótese que las organizaciones que apoyan a las personas que están de duelo en lugar de etiquetarlo como una enfermedad siguen escaseando. Mientras abramos nuevas conversaciones sobre las realidades del duelo, surgirán nuevos servicios de apoyo. Las *hay* buenas ahí fuera para muchos tipos distintos de pérdidas, como los ejemplos que se muestran a continuación. Sigue buscando hasta que encuentres algo que te parezca bien.

Speaking grief (speakinggrief.org) alberga el documental de la PBS (la red de televisión pública de EE. UU.) del mismo nombre, además de recursos que nos ayudan a mejorar en lo tocante al duelo.

La comunidad The Compassionate Friends (compassionatefriends.org) proporciona apoyo a los padres después de la muerte de un hijo.

The Dinner Party (thedinnerparty.org) es una organización a nivel mundial de personas de entre veintitantos y treinta y tantos que han perdido a un progenitor, pareja, hijo, hermano o amigo íntimo.

The Dougy Center (dougy.org) proporciona apoyo y recursos (incluyendo cuadernos de ejercicios para adolescentes y paquetes de información/ recursos para escuelas y familias dolientes).

Modern Loss (modernloss.com) ofrece unas preciosas redacciones escritas por personas que están de duelo debido a diferentes pérdidas.

The International Suicide Prevention (ISP) Wiki (suicideprevention.wikia. org) es un directorio mundial de líneas de atención para la prevención del suicidio, salas de chat *online,* líneas de texto y recursos (incluyendo recursos para adolescentes y para las comunidades LGBTQIA).

Soaring Spirits International (soaringspirits.org) ofrece apoyo por parte de iguales y recursos para personas que se ha quedado viudas.

The Trayvon Martin Foundation (trayvonmartinfoundation.org) ofrece apoyo emocional y económico a familias que han perdido a un hijo debido a la violencia por armas de fuego.

Herramientas, consejos y formación adicional

Los documentos legales cumplimentados son como cartas de amor que escribes a tus seres queridos. Pueden ayudarte a aclarar decisiones y a reducir los conflictos (lo que aminora tu sufrimiento innecesario, incluso aunque no elimine tu dolor). Para obtener consejos prácticos y del mundo real, listas de comprobación y recomendaciones para cumplimentar los asuntos relacionados con los planes al final de la vida, cosas como los testamentos, las indicaciones para los cuidados médicos avanzados, los planes de gestión de las cuentas digitales (cosas que todos evitan pero que en realidad tienen que hacer), lee el libro de Chanel Reynold, *What matters most*, o visita getyourshittogether.org

Para obtener estrategias de autocuidados detalladas y herramientas geniales para formarte en la empatía, visita la página web de Kate Kenfield, katekenfield.com

Si has disfrutado siguiendo los hilos de significado o sentido a lo largo de tu vida en el ejercicio del capítulo 17, hay muchas más cosas que explorar con la valoración Sparketype (la naturaleza esencial del trabajo que te llena de sentido y te permite sentirte plenamente expresado, vivo y lleno de un objetivo y concentrado en el flujo, o con «chispa») de mi amigo Jonathan Fields. Encuéntrala en goodlifeproject.com/sparketypes

Si eres un terapeuta, un profesional de la medicina o un trabajador de servicios de emergencia, y quieres aprender a apoyar mejor a la gente doliente, echa un vistazo a los recursos de formación actuales en refugeingrief.com

Hay libros maravillosos sobre la gestión de los traumas, tanto para supervivientes como para profesionales. Para obtener una selección de los libros favoritos actuales, visita refugeingrief.com

Descargas y galerías *online*

Encontrarás descargas imprimibles de todos los elementos recortables y compartibles de este diario en refugeingrief.com/grief-resources. La carta de amor de cierre está disponible en forma de un archivo descargable de audio que puedes encontrar en este mismo enlace.

Para ver las galerías *online* de notas de amor para dolientes, mentores del duelo y dolor personificado, consulta refugeingrief.com

Solución de la sopa de letras de la página 63

B K O J N B F R B T K B L Q W C V P L S X F G
C A P O Y O G R V E B H U M O R N E G R O H E
H J S F Z X R I F Z G M V N W O A Ñ H E U W A
X H T U B U A M A B I L I D A D H G K C Q T Y
V F W R G V H G A X F W E M K N T I I U G M E
I T Q O K G J M Ñ L B T O U Y J U R T E N J S
A G L L P F O E I A Q F V O T V S N Ñ R F O A
N V C O R A Z O N E S E N C O N T R A D O S J
O U B D U M R H B V H K X M P W G F R O N S R
R D V T I I M Q J U F H A O I K Z I U H L A W
T U X U S L G B K G Y Z M H C Q E L P I U T Q
P E C G G I S V O X E O W G O A F Ñ A Z D N H
G R G F I A K A H L P U S E K R W S Ñ M Z A G
W M Z T L Ñ G X L Y Z D F I G L M Ñ O K Y M M
F E S T A B I E N Q U E N O E S T E S B I E N
Q M T K B P B R H G T S F B W K A H D O G D T
U A Q P G J Q O A V L C P M Y D G L U I N E Z
Z S P R I G X J Ñ A M A B I L I D A D P Q T R
O Z L G H A A B Q F Y N S V U N B H V Z L R J
I P G B O R M G T R I S T E L R E I O K Y E X
K Q F Z J F O G B H Z O X Q H F V L P Ñ G U I
T E Q U I E R O J G V W C O N E X I O N V F W

Acerca de la autora

Megan Devine (terapeuta profesional con licencia) es una escritora, oradora y terapeuta del duelo que aboga por el cambio emocional a un nivel cultural. Su libro *Está bien que no estés bien: afrontar el duelo y la pérdida en una cultura que no los comprende* es considerado como una lectura obligatoria por los dolientes y los profesionales. Junto con su equipo, facilita un creciente catálogo de cursos, eventos y formaciones para ayudar a la gente doliente y a los que quieren apoyarlos para que aprendan las habilidades que necesitan para soportar un dolor que no se puede arreglar. Para obtener más información, visita refugeingrief.com

Acerca de la ilustradora

Naya Ismael es una ilustradora siria autodidacta que trabaja en medios digitales y tradicionales. Sus dos progenitores eran artistas, se enamoró del arte a una tierna edad, y pasó su niñez viendo a sus padres trabajar en sus estudios y yendo a galerías de arte. Su trabajo incluye murales digitales, portadas de libros, interfaces de usuario para aplicaciones de teléfonos móviles, logotipos y ropa, y participó en la primera galería de arte digital en Damasco (Siria). Naya está estudiando *marketing* en el Instituto Superior de Administración de Empresas de Damasco. Echa una ojeada a su trabajo en Instagram (@naya.ismael) y en Behance (@nayaismael).